中国企业社会责任报告指南（CASS-CSR4.0）丛书

中国企业社会责任报告指南4.0

之

食品行业

中国社会科学院经济学部企业社会责任研究中心
内蒙古蒙牛乳业（集团）股份有限公司

钟宏武　吴文婷　李鹏程/顾问
汪　杰　钱申乔　王梦娟　梁佐红　等/著

经济管理出版社
ECONOMY & MANAGEMENT PUBLISHING HOUSE

图书在版编目（CIP）数据

中国企业社会责任报告指南4.0之食品行业/汪杰等著. —北京：经济管理出版社，2018.11
ISBN 978-7-5096-6224-3

Ⅰ.①中… Ⅱ.①汪… Ⅲ.①食品行业—企业责任—社会责任—研究报告—中国 Ⅳ.①F426.82

中国版本图书馆 CIP 数据核字（2018）第 285956 号

组稿编辑：陈　力
责任编辑：陈　力
责任印制：司东翔
责任校对：王纪慧

出版发行：经济管理出版社
　　　　　（北京市海淀区北蜂窝8号中雅大厦A座11层　100038）
网　　址：www.E-mp.com.cn
电　　话：（010）51915602
印　　刷：北京玺诚印务有限公司
经　　销：新华书店
开　　本：720mm×1000mm/16
印　　张：12.5
字　　数：210千字
版　　次：2018年12月第1版　2018年12月第1次印刷
书　　号：ISBN 978-7-5096-6224-3
定　　价：68.00元

·版权所有　翻印必究·
凡购本社图书，如有印装错误，由本社读者服务部负责调换。
联系地址：北京阜外月坛北小街2号
电　　话：（010）68022974　　邮编：100836

《中国企业社会责任报告指南 4.0 之食品行业》专家组成员

顾　问：
　　钟宏武（中国社会科学院经济学部企业社会责任研究中心主任）
　　吴文婷（蒙牛集团党委书记、副总裁）

组　长：
　　李鹏程（蒙牛集团副总裁）
　　汪　杰（中国企业社会责任报告指南 4.0 专家委员会秘书长）

成　员：
　　钱申乔（蒙牛集团企业社会责任总监）
　　王浩杰（蒙牛集团健康安全环保中心高级总监）
　　贾艳华（蒙牛集团企业社会责任经理）
　　王梦娟（中星责任云社会责任机构项目经理）
　　梁佐红（中星责任云社会责任机构咨询顾问）

开启报告价值管理新纪元

本土标准是引领中国企业社会责任报告发展的重要工具。2009年,《中国企业社会责任报告指南》(简称《指南1.0》)发布,此后两次升级到3.0版本。2016年,400余家中外大型企业参考了《指南3.0》,《指南3.0》成为全球报告倡议组织(GRI)官方认可的全球唯一国别报告标准,有力提升了中国在国际社会责任运动中的话语权。在"共建共享"的理念指导下,经过两次升级,报告编写指南不断与时俱进,完成了从"基本可用"到"基本好用"的转变。

过去三年,企业社会责任报告实践发生深刻变化。一方面,编写社会责任报告的企业数量仍在稳步增长,总量接近2000家,但增长幅度较之前有了明显下降;另一方面,从技术上讲,我国社会责任报告的质量越来越高,在报告框架结构、主题内容、语言风格、表现形式等各方面取得长足进步。与此同时,一些企业却打破每年发布社会责任报告的"惯例",终止发布报告或延长报告发布周期,甚至出现"报告无用论"。报告价值何在,成为亟待回答的问题。

为适应新形势、新要求,进一步提升指南适用性和解释力,推动我国企业社会责任报告在更大程度、更广维度发挥价值,2016年9月,中国社科院企业社会责任研究中心启动《指南4.0》修编工作。在充分研究和讨论基础上,对《指南3.0》进行较大程度创新。总体而言,《指南4.0》具有以下特点:

第一,定位由"报告编写指南"到"报告综合指南"。《指南1.0》《指南2.0》解决了报告内容管理问题,《指南3.0》解决了报告流程管理问题,《指南4.0》解决了报告价值管理问题。"三位一体"的管理体系,使得《指南4.0》对社会责任报告的指引超出了报告编制范围,成为一本全方位综合指南。

第二,首倡社会责任报告价值管理。社会责任报告究竟有什么价值,这些价值是如何发生的,应该通过什么手段更好地发挥报告价值仍然困扰着中国企业。《指南4.0》明确加强报告价值管理,使报告真正起到对内强化管理、对外提升品牌的作用。

第三，构建"1+N+M"指南家族。在《指南4.0》修编过程中，将继续采取"逐行业编制、逐行业发布"模式；同时，在当前部分社会责任议题重要性凸显和越来越多企业发布社会责任议题报告的背景下，在《指南4.0》修编过程中，还将采取"逐议题编制、逐议题发布"模式，从而构建"1（基础框架）+N（分行业指南）+M（分议题指南）"指南系列。进一步提升指南系统性和适用性。

第四，内容更科学适用。《指南4.0》对理论框架进行了重新梳理，对每个维度下的具体指标进行了增、删、合并调整，着重吸纳了社会责任最新政策和最新标准，同时提升了指标展开的逻辑性和内容的准确性；同时，指南还进一步优化了报告流程，并根据全书体系需要对流程进行增、删调整。对每一个流程下的方法论进行了更细化的描述，可操作性进一步增强。

把握大势，应运而生。《中国企业社会责任报告指南(CASS-CSR4.0)》在继承了《指南1.0》~《指南3.0》的优秀成果，吸纳了最新社会责任政策、标准、倡议和广大社会责任同仁的思想智慧后，正式推出。我们相信，更加与时俱进的《指南4.0》必将在内容上、流程上给社会责任报告带来更大提升。更重要的是，帮助企业更好地发挥报告价值，开启报告价值管理新时代，让社会责任报告焕发新的生命力！

钟宏武

2018年1月

目　录

第一章　《中国企业社会责任报告指南（CASS-CSR4.0）》简介 …………… 1

　　一、理论基础 ………………………………………………………… 1
　　二、新版特点 ………………………………………………………… 3
　　三、指南使用 ………………………………………………………… 4
　　四、第三方质量保证 ………………………………………………… 5
　　五、指南生态 ………………………………………………………… 8
　　六、与《指南 3.0》对应表 ………………………………………… 17

第二章　食品行业社会责任 …………………………………………… 25

　　一、食品行业在国计民生中的地位 ………………………………… 25
　　二、食品行业履行社会责任的意义 ………………………………… 27
　　三、食品行业社会责任特征及要求 ………………………………… 29

第三章　食品行业社会责任报告特征与现状 ………………………… 31

　　一、国际食品行业社会责任报告特征 ……………………………… 31
　　二、国内食品行业社会责任报告发展现状 ………………………… 35

第四章　报告指标详解 ………………………………………………… 41

　　一、报告前言（P 系列） …………………………………………… 41
　　二、责任管理（G 系列） …………………………………………… 48
　　三、本质责任（F 系列） …………………………………………… 58
　　四、市场绩效（M 系列） …………………………………………… 66

五、社会绩效（S 系列） ……………………………… 77

　　　六、环境绩效（E 系列） ……………………………… 95

　　　七、报告后记（A 系列） ……………………………… 108

　　　八、指标速查表 ………………………………………… 112

第五章　报告过程管理 ………………………………………… 121

　　　一、组织 ………………………………………………… 122

　　　二、策划 ………………………………………………… 124

　　　三、界定 ………………………………………………… 127

　　　四、启动 ………………………………………………… 130

　　　五、研究 ………………………………………………… 131

　　　六、撰写 ………………………………………………… 134

　　　七、发布 ………………………………………………… 136

　　　八、总结 ………………………………………………… 137

第六章　报告价值管理 ………………………………………… 139

　　　一、价值生态 …………………………………………… 140

　　　二、重点回应 …………………………………………… 142

　　　三、过程参与 …………………………………………… 145

　　　四、影响传播 …………………………………………… 149

第七章　报告质量标准 ………………………………………… 153

　　　一、内容标准 …………………………………………… 154

　　　二、流程标准 …………………………………………… 156

　　　三、价值标准 …………………………………………… 161

　　　四、创新标准 …………………………………………… 163

第八章　天生要强，共赢冠军 ………………………………… 165

　　　一、公司简介 …………………………………………… 165

　　　二、履责历程 …………………………………………… 166

三、责任报告 …………………………………………… 167

四、报告管理 …………………………………………… 168

附 录 ……………………………………………………… 177

一、参编机构 …………………………………………… 177

二、参考文献 …………………………………………… 184

后 记 ……………………………………………………… 189

第一章 《中国企业社会责任报告指南（CASS-CSR4.0)》简介

一、理论基础

《中国企业社会责任报告指南（CASS-CSR4.0)》创造性地提出企业社会责任"方圆模型"（见图1-1），对过往的"四位一体"企业社会责任模型（见图1-2）进行了较大幅度改造。没有规矩，不成方圆，模型名称寓意塑造企业社会责任的基本范式。模型外圆内方，内部是责任管理及其构成要素，外部是责任实践及其构成要素。

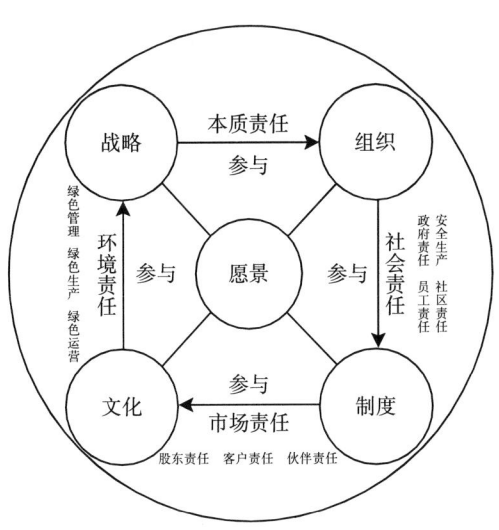

图1-1 《中国企业社会责任报告指南4.0》——企业社会责任"方圆模型"

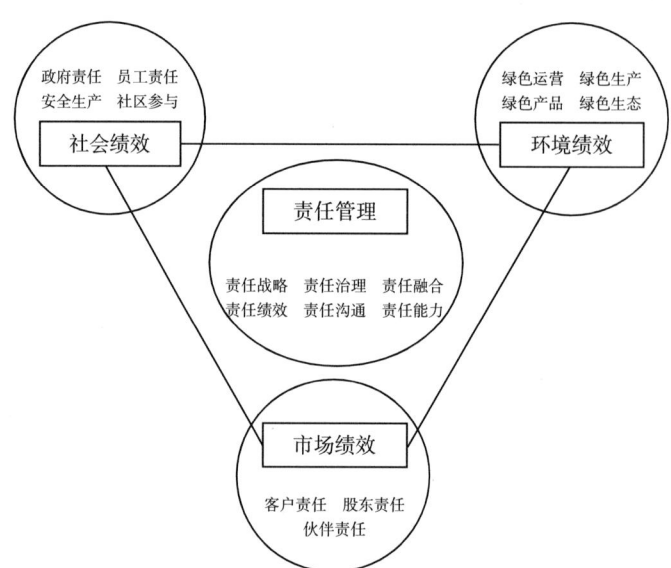

图 1-2 "四位一体"传统企业社会责任理论模型

该模型一如既往突出了责任管理的重要作用，认为责任管理是企业履行社会责任的重要保障，是企业社会责任的重要内容。责任管理包括愿景、战略、组织、制度、文化和参与。其中，愿景是原点和初心，也是目标和归属；战略、组织、制度和文化是实现愿景的四大管理支柱；参与贯穿于社会责任管理的全流程。

该模型对"四位一体"模型中的责任实践部分进行了丰富，纳入了"本质责任"。"四位一体"模型及其背后的"三重底线"理论，只规定了社会责任实践的基本领域，却没强调社会责任实践的重点方向。本质责任不是新的责任领域，而是具体到特定企业，在国家战略、社会需求、行业定位、企业禀赋等综合因素决定下，原有的、归属到市场、社会或环境领域的某些责任议题对国家、社会和企业可持续发展的战略意义凸显。本质责任因企业所处的行业不同而各不相同，因此，在一般框架中，将不纳入本质责任的指标。在分行业社会责任指南修订的过程中，将详细研发该行业的本质责任指标。

"方圆模型"以责任愿景为原点，明确企业社会责任工作目标；以责任管理为重点，夯实企业社会责任工作基础；以本质责任为牵引，以市场责任为依托，以社会责任和环境责任为两翼，构成了企业社会责任的行动逻辑和完整生态。

二、新版特点

（一）范围更全面

按照工作推进逻辑，围绕企业社会责任报告有四个核心问题：第一，为什么需要编制社会责任报告（价值）？第二，报告该披露哪些内容（指标）？第三，如何高效开展报告编制工作（流程）？第四，报告是否达到预期，值得编制（价值）？《指南1.0》和《指南2.0》解决了第二个问题，即明确在编写社会责任报告过程中应考虑哪些内容和指标。《指南3.0》解决了第三个问题，即明确社会责任报告编写的全过程包含哪些主要环节，在不同的环节应该如何开展工作。《指南4.0》则明确了社会责任报告包含哪些价值，企业如何更好地发挥报告价值。因此，《指南4.0》已经由编写指南升华为报告内容、流程、价值综合指南。

（二）亮点更突出

中国企业编制社会责任报告的历史可追溯到十多年之前。时至今日，企业对于社会责任报告应该披露哪些内容、社会责任报告应该按照什么流程编制已经有了较为清楚的认识。但是，社会责任领域一直探索的社会责任报告的价值问题却仍然困扰着绝大多数的中国企业。社会责任报告究竟有什么价值，这些价值是如何发生的，应该通过什么手段更好地发挥报告的价值是现阶段社会责任报告发展过程中亟待解决的问题。价值是社会责任报告编制的出发点和落脚点。《指南4.0》明确加强社会责任报告价值管理，通过系统分析，利用专业手段，使报告真正达到对内强化管理、对外提升品牌的作用，赋予报告"生命力"。

（三）领域更系统

鉴于不同行业社会责任内涵和外延的显著差异，为提升分行业指南的科学性和适用性，在《指南4.0》的修编过程中，将继续采取"逐行业编制、逐行业发布"的模式；同时，在当前企业社会责任向纵深发展，部分社会责任议题重要性凸显和越来越多企业发布社会责任议题报告的背景下，在《指南4.0》的修编过程中，还将采取"逐议题编制、逐议题发布"的模式。从而构建"1（基础框架）+N（分行业指南）+M（分议题指南）的指南"系列，进一步提升指南的系统性和适用性。

（四）内容更科学

指标上，《指南4.0》在编写过程中对指标体系进行了大幅更新，合并《指南3.0》中重复的指标，精减《指南3.0》冗杂的指标，更新部分指标的描述解释。对原有标体系中的报告前言、责任管理、环境绩效三个板块子指标进行重新调整分类；广泛吸纳社会责任最新倡议、指标或指南，融合了包括全球报告倡议组织（GRI）社会责任指标GRI-Standards、联合国可持续发展目标（SDGs）和香港联交所《环境、社会及管治报告指引》（ESG）等国内外最新主流指标体系，并结合了中国社会责任政策趋势。

流程上，企业社会责任在中国经过十多年发展，发布社会责任报告的企业逐年增加。作为社会责任管理体系中的重要专项工作，部分企业却仍然对如何科学、系统地编制一本社会责任报告存在疑惑。因此，在《指南3.0》中我们首次提出通过对社会责任报告进行全生命周期管理，充分发挥报告在加强利益相关方沟通、提升企业社会责任管理水平两方面的作用。在《指南4.0》中，我们进一步优化报告过程管理，将原有的7过程要素变更为8过程要素，进一步厘清报告编写脉络，并明确各阶段任务和目标，以期有效提升社会责任报告质量。

三、指南使用

（一）参考《指南4.0》的指标体系编写报告

企业在编写社会责任报告过程中，按照《指南4.0》确定的议题和指标确定本企业社会责任报告框架和内容，并提供报告内容与《指南4.0》指标体系的索引表。

（二）严格按照《指南 4.0》的流程编写报告

企业在编写社会责任报告的过程中，严格按照《指南 4.0》确定的报告流程编写报告，扎实完成报告编写各个环节，重视流程管控，提升报告质量。

（三）严格按照《指南 4.0》的方法提升报告价值

企业在编制报告的过程中和报告编制完成后，严格按照《指南 4.0》确定的方法管理报告的价值。做好利益相关方的重点回应、过程参与和影响传播，实现报告价值。

（四）申请参加"中国企业社会责任报告评级"

报告评级是对企业社会责任报告的第三方认证，鼓励企业按照《指南 4.0》编写报告后向中国企业社会责任报告评级专家委员会申请评级。

四、第三方质量保证

第三方质量保证的目的是改善社会责任报告的可信度，弥合报告企业与报告读者之间的信任鸿沟，最终提升社会责任报告的有用性。第三方质量保证根据保证提供的主体不同，通常有以下三种方式：

● 由有影响力的利益相关方或者社会责任领域专家发表的第三方评论。评论的内容主要包括对企业管理、业绩和社会责任进展的意见和建议，但不包括对报告信息的质量等问题发表正式结论。

● 由行业协会、咨询机构等非专业机构提供的第三方评论。评论的内容主要包括对企业管理、业绩和社会责任进展的意见和建议，有些评论包括对企业社会责任报告质量的评论，但这些结论通常是非正式的。

● 由专业验证机构提供的正式验证声明，并出具验证报告。该声明是系统的、以证据为基础的结果，验证人员根据报告质量和数据得出正式结论。

目前，国际上应用最为广泛、影响力最大的标准是由国际审计与鉴证准则委员会（International Auditing and Assurance Standard Board，IAASB）发布的ISAE3000 和 Accountability 发布的 AA1000 审验标准。在国内，应用最为广泛的第三方质量保证标准是由中国社会科学院经济学部企业社会责任研究中心发布的《中国企业社会责任报告评级标准》。

（一）ISAE3000 标准

ISAE3000 标准主要指"适用于对历史信息以外的其他财务资料的审验的验证服务国际标准"。该标准主要有如下特点：

第一，将审验保证程度分为合理保证和有限保证。标准规定，所有的外部审验活动都应说明其程序的保证程度，以减少信息使用者对审验可靠性的期望与其实际效力之间的差距，允许审验人员在合理保证或有限保证两个不同层次的保证基础上对报告信息做出保证。

第二，取消对报告标准的限制。由于社会责任报告在国际上并未形成强制性标准，不同国家和地区的社会责任标准也不尽相同，所以 ISAE3000 取消了对报告标准的限制，即当审验人员不清楚报告编制标准或标准不充分的情况下也可以接受该验证任务。

第三，审验声明的形式。审验人员在签署最后声明时应清楚阐述他们从被审验文件的信息中所得到的结论。在有限保证时，这一判断必须用消极方式表述，即：对所收集要素的测试并不意味着该公司完全真实准确地报告了其业绩；在合理保证时，则应采取积极方式描述。

（二）AA1000 系列标准

AA1000 系列标准的目的是提高组织在可持续发展方面的业绩表现，它包括一套创新性的标准、指引和使用者附注。现行的 AA1000 系列标准由三个标准组成：AA1000 原则标准（AA1000APS）、AA1000 审验标准（AA1000AS）和 AA1000 利益相关方参与标准（AA1000SES）。AA1000 审验标准具有如下特点：

第一，将利益相关方置于审验的核心。AA1000 审验标准是评价一个组织是否对其利益相关方尽责的有力衡量标准，把利益相关方置于审验的核心，并特别关心他们的意见和反馈。审验程序所带来的价值增值无论对内部管理者还是外部利益相关者来说都是至关重要的。

第二，具有充分的灵活性。AA1000审验标准为社会责任审验提供了一个严格的框架，同时又为其适应不同组织机构环境提供了充足的灵活性。

第三，全方位的审验标准。AA1000审验标准为组织机构提供了在不同认证体系内获取信息并起作用的途径，这些体系包括可持续发展的一些特定方面，比如可持续森林管理认证体系、公平贸易标签体系或环境管理体系。它提供了一个可信赖而又客观的平台，这个平台使可持续的非财务因素与传统的财务报告和审验联系起来。

（三）《中国企业社会责任报告评级标准》

《中国企业社会责任报告评级标准》是由中国社会科学院经济学部企业社会责任研究中心联合国内社会责任研究专家共同研发的报告评级标准。自2009年中国企业社会责任报告评级专家委员会成立以来，迄今为包括中央企业、地方企业、民营企业和外资企业在内的400份社会责任报告进行了评级。特别是2016年评级企业突破65家，五星级报告由2015年的23家增至31家，评级专家委员会"科学、公正、开放"的评价结果和工作模式得到了社会各界的一致好评。

【评级主体】

中国企业社会责任报告评级专家委员会是企业社会责任报告评级的领导机构与执行机构，是由中国企业社会责任研究及实践领域的专家组成的开放性机构。委员会采取开放、灵活的工作模式，根据申请报告评级企业的行业属性等特征，选取3名委员组成评级专家委员小组。报告内容评级之前，由评级事务联络人组成的资料审核小组赴企业所在地，对企业社会责任报告的流程和价值做实地评估，将评估结果与企业社会责任报告一并提交专家，专家委员小组对报告分别进行总体评级，由评级小组组长综合专家意见确定报告最终级别、出具评级报告。根据企业要求，委员会可组织专家与企业就提高社会责任报告质量、规范社会责任报告编制流程等问题进行深入沟通。

【评级流程】

（1）企业根据自愿原则向中国社会科学院经济学部企业社会责任研究中心提出正式的报告评级申请，并与中心达成报告评级协议。

(2) 在评级专家委员会中抽取专家成立报告评级小组,报告评级小组由专家委员和评级事务联络人组成,联络人一般由中心工作人员组成,完成实地评估。

(3) 评级事务联络人赴企业所在地对其社会责任报告流程和价值进行评估,评估结果交评级小组参考。

(4) 专家委员小组成员根据评级标准和《中国企业社会责任报告指南（CASS-CSR 4.0)》对企业社会责任报告分别进行打分。

(5) 评级小组组长综合专家意见后形成评级报告,委员会主席审签。

(6) 组织专家与企业进行后续沟通及报告改进。如图1-3所示。

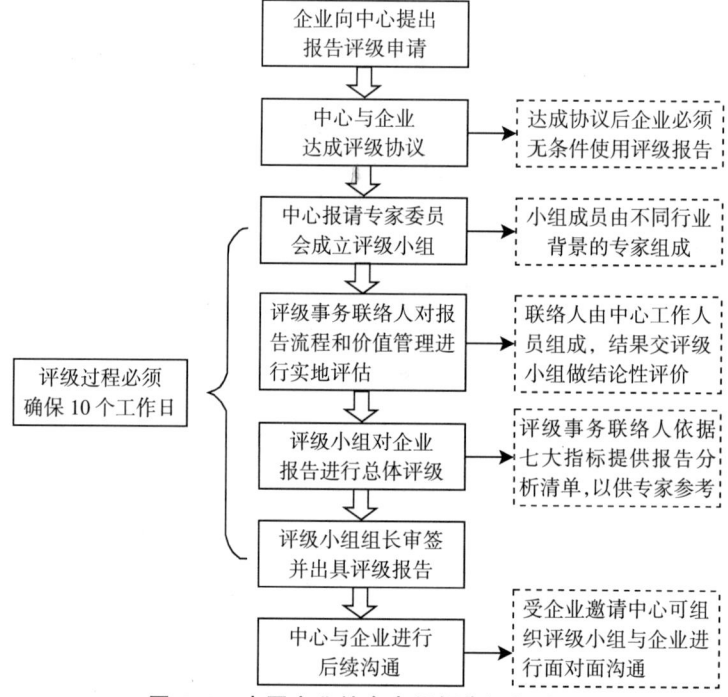

图1-3 中国企业社会责任报告评级流程

五、指南生态

中国社科院企业社会责任研究中心自2009年推出《指南1.0》以来,以指南为基础,已经衍生研发出《中国企业社会责任蓝皮书》《中国企业社会责任报告白皮书》等权威学术著作，总结中国年度社会责任进展，展望未来发展趋势；以该指南为依据，开展"中国企业社会责任报告评级"，建立权威的社会责任报告评价体系，为企业更好编写社会责任报告做出专业指导；同时，还围绕企业社会责任报告，搭建高端平台，组织高端会议，促进企业社会责任报告交流与合作。逐步形成以指南为核心，服务权威著作，延伸专业评价，支撑高端平台和活动的指南使用生态系统。如图1-4所示。

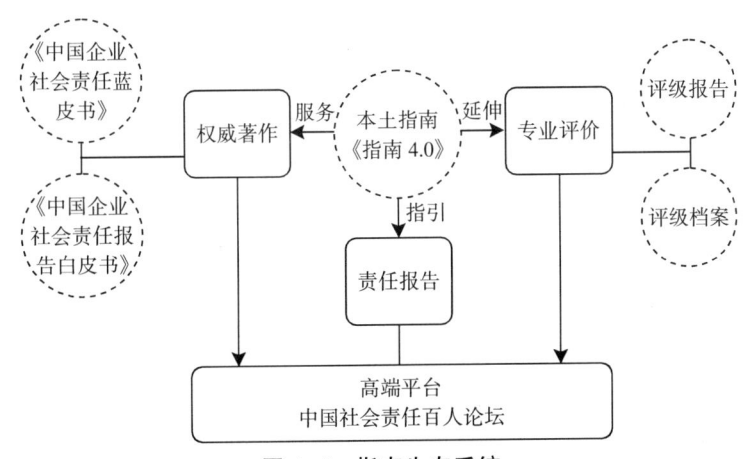

图1-4　指南生态系统

（一）指南与《中国企业社会责任蓝皮书》

《中国企业社会责任蓝皮书》以指南为依据，结合年度CSR发展新趋势、新特点，开发社会责任评价指标体系，通过公开渠道收集企业社会责任信息，在对指标进行赋权的基础上形成年度社会责任发展指数。企业社会责任发展指数是对企业社会责任管理体系建设的现状和社会/环境信息披露水平进行评价的综合指数，根据评价对象的不同可产生不同的指数分类，进而形成中国企业社会责任发展系列指数。自2009年，中国社科院经济学部企业社会责任研究中心每年编著《中国企业社会责任蓝皮书》，形成《中国企业社会责任研究报告》，发布中国企业社会责任发展指数，评价年度的社会责任管理状况和社会/环境信息披露水平，辨析中国企业社会责任发展进程的阶段性特征，为深入研究中国企业社会责任现状提供基准性参考。研究报告对中国企业300强、国有企业100强、民营企业100强、外资企业100强、省域国有企业以及16个重点行业的企业社会责任发展水平进行评价，研究中国企业社会责任年度最新进展，以期促进中国企业社会责任又好又快发展。如图 1-5 所示。

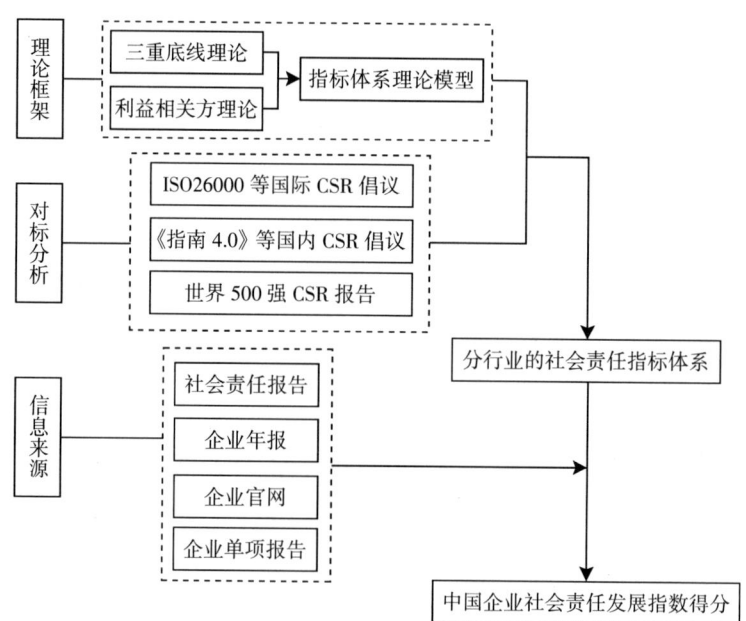

图 1-5 中国企业社会责任发展指数研究路径

【成果特点】

影响广泛：是中国企业社会责任领域最具权威性的研究，每年均得到中央电视台、新华网、人民网等数十家新闻媒体的持续跟踪报道，社会影响广泛。

解读权威：以中国 100 强系列企业为研究对象，详细解读了不同性质企业在社会责任方面的阶段性特征；以电力、银行等 10 多个重点行业为研究对象，探究不同行业社会责任管理水平和社会责任信息披露水平。

行业领先：研究成果得到国内外大型企业和各大行业广泛关注和评价，成为中国企业社会领域领先的行业性研究成果。

（二）指南与《中国企业社会责任报告白皮书》

自 2011 年开始，中国社科院经济学部企业社会责任研究中心与新华网连续六年联合发布《中国企业社会责任报告白皮书》。报告以《中国企业社会责任报告指南（CASS-CSR4.0）》和《中国企业社会责任报告评级标准》为评价依据，以企业社会责任报告的信息披露质量及报告管理水平为评价内容，对年度发布的所有报告进行逐一评价，分析我国企业社会责任报告发展阶段性特征。多角度、全方位反映我国企业社会责任报告的阶段性特征。

【成果特点】

影响广泛：数十家新闻媒体专版报道，业内影响力大。

解读权威：从发布数量、分布地域、企业性质、所在行业、报告篇幅、参考标准、报告内容等角度，辨析每年中国企业社会责任报告的最新进展，进一步推动报告水平的提升。

案例丰富：选取行业前沿的企业如中石化集团、国家开发投资公司、三星中国、现代汽车等企业社会责任报告的优秀案例，供参考借鉴。

（三）指南与中国企业社会责任报告评级

中国企业社会责任报告评级是由中国社会科学院经济学部企业社会责任研究中心发起成立的中国企业社会责任报告评级专家委员会所提供的一项专业服务，依据《中国企业社会责任报告指南》和《中国企业社会责任报告评级标准》，对企业年度发布的社会责任报告进行评级并出具评级报告。旨在通过报告评级向企业提供专业意见，为企业社会责任工作提供智力支持，改进我国企业社会责任工作现况；以报告促管理，充分发挥报告在利益相关方沟通、企业社会责任绩效监控中的作用，将报告作为提升公司社会责任管理水平的有效工具。

【成果特点】

专家权威：中国社会责任报告评级专家委员会由来自国务院国资委、国务院扶贫办、中国社会科学院、清华大学、中山大学、中企联、中电联、联合国全球契约网络、中国企业公民委员会、新华网等机构的知名社会责任专家组成。

评价全面：对报告的内容维度、流程维度、价值维度和创新维度进行全方位评级，出具专家签署的评级报告。最终结果通过星级呈现，分别为五星级（卓越）、四星半级（领先）、四星级（优秀）、三星半级（良好）等。

建议专业：评估人员赴参评企业进行面对面沟通，指导企业社会责任报告管理工作；评级专家对社会责任报告"把脉"，出具《报告评级改进建议书》，提升报告质量。

推广多元：通过《中国企业社会责任报告白皮书》（已连续发布 6 年）、社会责任领域高端峰会、责任云微信公众号、评级档案等方式，全方位宣传和展示企业报告和履责实践。

【成果回顾】

截至 2017 年 10 月底，评级专家委员会已经为 400 份社会责任报告提供评级，报告评级服务已经成为国内最权威、受企业广泛认可的企业社会责任报告第三方评价。如表 1-1 所示。

表 1-1　成果

2010 年（10 家）	2011 年（22 家）	2012 年（43 家）	2013 年（60 家）	2014 年（61 家）	2015 年（65 家）	2016 年（66 家）	2017 年（73 家）
中石化集团	南方电网	中石化股份	中国建材	中国移动	中国石化	中国华电	中国移动
中石化股份	中国电信	中国华能	中国建筑	中国海油	神华集团	中国一汽	中国人保
民生银行	中国华能	中国铝业	中煤集团	中粮集团	北控集团	中国建筑	中国交建
中国华能	中石化集团	华润集团	中国海油	中航工业	国投	中国建材	海立股份
中国华电	中石化股份	神华集团	中国联通	中国交建	光大银行	远洋集团	丰田（中国）
中国大唐	中国黄金	中国电科	中国电子	国机集团	三元食品	佳能（中国）	华润电力
中钢集团	远洋地产	新兴际华	北汽集团	海航集团	台达中国	松下中国	保利协鑫
南方电网	中国电科	广东粤电	三星中国	松下中国	上汽大众	现代汽车	LG化学
马钢集团	中国兵装	佳能（中国）	斗山（中国）	丰田（中国）	LG（中国）	民生银行	佳能（中国）
鞍钢集团	……	……	……	……	……	……	……

（四）中国社会责任百人论坛

《指南 4.0》以及由指南支撑的权威著作《中国企业社会责任蓝皮书》《中国企

业社会责任报告白皮书》，由指南延伸的专业评价和由指南指引的社会责任报告都将在中国社会责任百人论坛框架下，进行价值延伸。通过责任百人会议发布相关成果，通过责任百人文库打造成果品牌，通过责任百人讲堂进行成果分享，通过责任百人调研提升成果影响。

中国社会责任百人论坛（以下简称责任百人论坛）(China Social Responsibility 100 Forum)，是由致力于推动中国企业社会责任发展的专家学者、企业家、社会活动家等自发建立的公益性机制，是中国企业社会责任领域的高端平台。

责任百人论坛通过持续举办重点热点问题研讨会、重要成果发布会等，实现汇聚责任思想、共享责任成果、提升履责绩效的论坛宗旨，为政府推进社会责任发展建言献策，为企业履行社会责任指明方向，助力中国走出一条经济繁荣、社会进步、环境优美的可持续发展之路，携手共筑"中国梦"。

责任百人论坛主要活动：

● 责任百人会议。
  ◆ 年会。每年1月举办，总结年度工作，发布年度重要成果，讨论新一年工作计划。
  ◆ 北京社会责任展。持续组织并发布中国企业社会责任、公益扶贫、标准、行业等年度研究报告，并设立主题展厅，展示优秀企业社会责任实践。
  ◆ 重大热点研讨会。发布论坛成员的重要研究成果，就重大热点社会/环境问题进行深度研讨，为社会责任事业的发展建言献策。

● 责任百人文库。
  ◆ 社会责任系列研究报告。开展社会责任蓝皮书、公益蓝皮书、企业扶贫蓝皮书、汽车行业社会责任蓝皮书、报告编写标准、海外社会责任、上市公司社会责任蓝皮书等一系列研究。
  ◆ 百人论坛会刊。汇编每期会议精彩演讲，摘录年度重要成果，定期出版发布。

● 责任百人讲堂。
组织开展公益讲堂、责任官、MBA系列社会责任培训和讲座。

● 责任百人调研。
组织开展走进理事单位、分享责任中国行等社会责任调研和交流活动。

中国社会责任百人论坛发起人名单（截至 2018 年 1 月）

李　扬　　中国社科院学部委员、国家金融与发展实验室理事长
解思忠　　原国务院国资委监事会主席
彭华岗　　国务院国有资产监督管理委员会副秘书长
欧晓理　　国家发改委西部司巡视员
郭秀明　　工业和信息化部政策法规司副巡视员
张晓刚　　国际标准化组织（ISO）主席
刘兆彬　　中国质量万里行促进会会长
曹宏瑛　　中国外商投资企业协会常务副会长
李　玲　　中国外商投资企业协会副会长
王幼燕　　中国电子信息联合会副秘书长

宋志平　　中国建材集团有限公司董事长
王小康　　全国政协委员、原中国节能环保集团公司董事长
郑崇华　　台达集团创办人暨荣誉董事长
刘　冰　　中国黄金集团董事、总经理、党委副书记
史正江　　中国南方电网公司党组副书记、副总经理
蓝　屹　　华润集团秘书长、办公厅主任
陈建军　　圣象集团总裁
张　凯　　松下电器（中国）有限公司副总裁

潘家华　　中国社会科学院城市发展与环境研究所所长
黄群慧　　中国社会科学院工业经济研究所所长
张　翼　　中国社会科学院社会发展战略研究院院长、党委书记
邓国胜　　清华大学公益慈善研究院副院长
张洪忠　　北京师范大学新闻传播学院副院长、教授
吕　朝　　恩派（NPI）公益组织发展中心创始人、主任
宝　山　　北大纵横管理咨询集团高级合伙人
吕建中　　博然思维集团合伙人
钟宏武　　中国社科院企业社会责任研究中心主任（论坛秘书长）
张　蒽　　中国社科院企业社会责任研究中心常务副主任

● 中国社会责任百人论坛理事会。

责任百人论坛设立企业理事会，吸纳在行业内有一定影响力，具有较强社会责任感和良好声誉的企业加入。

中国社会责任百人论坛理事会单位名单（截至 2018 年 1 月）

理事长单位：

中国石化、国投、招商局、华润集团、南方电网、东风汽车、中国一汽、中国华电、中国电建、中国旅游集团、中国黄金、华润电力、民生银行、阿里巴巴、海航集团、伊利、圣象集团、三星中国、现代汽车、台达集团、松下电器（中国）、LG 化学（中国）

副理事长单位：

中国兵工、中国移动、华润健康、安利（中国）

责任百人论坛设立秘书处，作为日常办事机构。

● 百人论坛活动大事记。

◆ 2016 年 10 月百人论坛正式成立，以国内知名社会责任领域专家学者、企业家等作为发起人，以优秀中外企业为理事单位，通过持续举办重点热点议题研讨会、重要成果发布会等，实现汇聚责任思想、共享责任成果、提升履责绩效的论坛宗旨，为政府推进和企业履行社会责任建言献策，助力美丽中国建设。

◆ 2017 年 1 月，召开"中国社会责任百人论坛——第五届分享责任年会"，会上举行百人论坛成员聘任仪式；首次发布《中资企业海外社会责任蓝皮书 (2016~2017)》《中国电建印尼可持续发展报告》和《中国企业社会责任年鉴》(2016)，连续第 8 年发布《中国企业社会责任研究报告 (2016)》等多项研究成果，受到央视等主流媒体的争相报道，在行业内引起极大反响；并对年度企业进行了表彰。

◆ 2017 年 2 月 27 日，"责任百人咖啡——'中国社会责任百人论坛'首发式暨首届 CSR 报告沙龙"在北京社科 1978 咖啡举办。来自政府部门、教研机构、国内外大型企业等机构代表 60 余人参加。

◆ 2017 年 3 月，举办首届中国社会责任百人讲堂暨中国社会科学院研究生院 MBA《企业社会责任》必修课，致力于推动中国企业社会责任知识普及和责任意识提高，受益学员累计达 150 人。

◆ 2017 年 5 月，举办首届"中国社会责任百人论坛——'可感知的'责任品牌创享会（2017）"，旨在携手共探我国企业责任品牌建设问题，推动中国企业责任品牌更好、更快发展。活动组织策划开展了首届"您心目中最牛责任品牌"微信投票活动，会上也正式公布了首届"您心目中最牛责任品牌"评选结果，整个活动阅读量超过 100 万次，共有 782099 人参与，收到投票 525034 张。同日下午，召开首届理事会单位闭门会。

◆ 随着《巴黎协定》正式生效，应对气候变化成为全球共同关注的热点问题。2017 年 6 月 16 日在北京艾维克酒店召开首届《中国企业应对气候变化自主贡献研究报告》发布会。发改委、社科院等机构专家和优秀企业代表共同分享和探讨节能降碳政策、理论和实践，会上发布《中国企业应对气候变化自主贡献研究报告》，并为入选研究报告优秀案例的企业颁发证书。

◆ 2017 年 8 月 9~11 日，"中国社会责任百人讲堂——第九期责任官公益培训计划"在苏州开讲，广泛传播企业社会责任理念，提升企业社会责任意识，参与培训学员达 200 人，首次举办的责任大联欢更是精彩纷呈。

◆ 2017 年下半年，中国社会责任百人论坛组织策划了"分享责任中国行（2017）"活动，走进四川成都和西藏林芝地区，参观调研中国企业在节能环保以及精准扶贫领域做出的努力与贡献，深入挖掘企业履行社会责任的优秀实践，并授予中国节能和中国华能"企业社会责任示范基地"称号。"分享责任世界行（2017）"先后奔赴泰国、印尼、埃塞俄比亚、韩国、老挝等国家调研学习。

◆ 2017 年 11 月，召开"2017 中国社会责任百人论坛暨首届北京社会责任展"，会上举行百人论坛发起人及理事单位代表集中亮相仪式；连续第 9 年发布《中国企业社会责任蓝皮书（2017）》，首次发布中国上市公司 ESG 指数、《家电企业社会责任蓝皮书（2017）》和本土第一大应用标准《中国企业社会责任报告指南 4.0》,连续第 2 年发布《汽车企业社会责任蓝皮书(2017)》和《企业扶贫蓝皮书(2017)》等多项研究成果,受到人民网、新华网等主流媒体的争相报道,在行业内引起极大反响。

◆ 2018 年 1 月 8 日,召开"中国社会责任百人论坛——首届责任传播年会暨 2017 年度优秀责任报道发布会",活动旨在加深媒体人对企业社会责任的认知,推动媒体关注企业社会责任,发挥媒体的力量推动中国企业社会责任的发展。本次会议表彰了 2017 年度企业社会责任领域的政策报道奖、案例报道奖、行业报道奖、人物报道奖及成果报道奖五类奖项,45 篇稿件获得优秀或入围奖,包括人民日报、经济日报、中央电视台、新华网等在内的 29 家媒体的记者获得优秀报道奖。

六、与《指南 3.0》对应表

《指南 4.0》对报告指标体系进行了大幅修订(见表 1-2~表 1-7),并且增加了"本质责任(F 系列)"。具体指标含义和解读可参考第四章"报告指标详解"。

(一)报告前言(P 系列)

表 1-2 《指南 4.0》与《指南 3.0》的报告前言对比表

	《指南 3.0》			《指南 4.0》	
报告规范 (P1)	P1.1	报告质量保证程序	报告规范 (P1)	P1.1	质量保证
	P1.2	报告信息说明		P1.2	信息说明
	P1.3	报告边界		P1.3	报告体系
	P1.4	报告体系			
	P1.5	联系方式			
报告流程 (P2)	P2.1	报告编写流程	高管致辞 (P2)	P2.1	履行社会责任的形势分析与战略考量
	P2.2	报告实质性议题选择程序		P2.2	年度社会责任工作进展
	P2.3	利益相关方参与报告编写过程的程序和方式			
高管致辞 (P3)	P3.1	企业履行社会责任的机遇和挑战	责任聚焦 (P3)	P3.1	公司年度社会责任重大事件
	P3.2	企业年度社会责任工作成绩与不足的概括总结		P3.2	社会责任重点议题进展及成效

续表

	《指南 3.0》		《指南 4.0》
企业简介（P4）	P4.1 企业名称、所有权性质及总部所在地 P4.2 企业主要品牌、产品及服务 P4.3 企业运营地域，包括运营企业、附属及合营机构 P4.4 按产业、顾客类型和地域划分的服务市场 P4.5 按雇佣合同（正式员工和非正式员工）和性别分别报告从业员工总数 P4.6 列举企业在协会、国家组织或国际组织中的会员资格或其他身份 P4.7 报告期内关于组织规模、结构、所有权或供应链的重大变化	企业简介（P4）	P4.1 企业战略与文化 P4.2 组织架构及运营地域 P4.3 主要产品、服务和品牌 P4.4 企业规模与影响力 P4.5 报告期内关于组织规模、结构、所有权或供应链的重大变化
年度进展（P5）	P5.1 年度社会责任重大工作 P5.2 年度责任绩效 P5.3 年度责任荣誉		

（二）责任管理（G 系列）

表 1-3 《指南 4.0》与《指南 3.0》的责任管理对比表

	《指南 3.0》		《指南 4.0》
责任战略（G1）	G1.1 社会责任理念、愿景、价值观 G1.2 企业签署的外部社会责任倡议 G1.3 辨识企业的核心社会责任议题 G1.4 企业社会责任规划	愿景（G1）	G1.1 企业使命、愿景、价值观 G1.2 企业社会责任理念或口号
责任治理（G2）	G2.1 社会责任领导机构 G2.2 利益相关方与企业最高治理机构之间沟通的渠道或程序 G2.3 社会责任组织体系 G2.4 企业内部社会责任的职责与分工 G2.5 社会责任管理制度	战略（G2）	G2.1 实质性社会责任议题识别与管理 G2.2 社会责任战略规划与年度计划 G2.3 推动社会责任融入企业发展战略与日常经营 G2.4 塑造有影响、可持续的责任品牌
责任融合（G3）	G3.1 推进下属企业社会责任工作 G3.2 推动供应链合作伙伴履行社会责任	组织（G3）	G3.1 企业高层支持和推动社会责任工作 G3.2 社会责任领导机构及工作机制 G3.3 社会责任组织体系及职责分工
责任绩效（G4）	G4.1 构建企业社会责任指标体系 G4.2 依据企业社会责任指标进行绩效评估 G4.3 企业社会责任优秀评选 G4.4 企业在经济、社会或环境领域发生的重大事故、受到的影响和处罚以及企业的应对措施	制度（G4）	G4.1 制定社会责任管理制度 G4.2 构建社会责任指标体系 G4.3 丰富社会责任理论研究

第一章 《中国企业社会责任报告指南（CASS-CSR4.0）》简介

续表

	《指南 3.0》		《指南 4.0》
责任沟通（G5）	G5.1 企业利益相关方名单 G5.2 识别及选择利益相关方的程序 G5.3 利益相关方的关注点和企业的回应措施 G5.4 企业内部社会责任沟通机制 G5.5 企业外部社会责任沟通机制 G5.6 企业高层领导参与的社会责任沟通与交流活动	文化（G5）	G5.1 组织开展社会责任培训 G5.2 开展社会责任考核或评优
责任能力（G6）	G6.1 开展 CSR 课题研究 G6.2 参与社会责任研究和交流 G6.3 参加国内外社会责任标准的制定 G6.4 通过培训等手段培育负责任的企业文化	参与（G6）	G6.1 识别和回应利益相关方诉求 G6.2 企业主导的社会责任沟通参与活动 G6.3 机构参与或支持的外界发起的经济、环境、社会公约、原则或其他倡议

（三）市场绩效（M 系列）

表 1-4 《指南 4.0》与《指南 3.0》的市场绩效对比表

	《指南 3.0》		《指南 4.0》
股东责任（M1）	M1.1 股东参与企业治理的政策和机制 M1.2 保护中小投资者利益 M1.3 规范信息披露 M1.4 成长性 M1.5 收益性 M1.6 安全性	股东责任（M1）	M1.1 规范公司治理 M1.2 保护中小投资者利益 M1.3 合规信息披露 M1.4 反腐败 M1.5 成长性 M1.6 收益性 M1.7 安全性
客户责任（M2）	M2.1 客户关系管理体系 M2.2 产品知识普及或客户培训 M2.3 客户信息保护 M2.4 止损和赔偿 M2.5 产品质量管理体系 M2.6 产品合格率 M2.7 支持产品服务创新的制度 M2.8 科技或研发投入 M2.9 科技工作人员数量及比例 M2.10 新增专利数 M2.11 新产品销售额 M2.12 重大创新奖项 M2.13 客户满意度调查及客户满意度 M2.14 积极应对客户投诉及客户投诉解决率	客户责任（M2）	M2.1 客户关系管理体系 M2.2 客户信息保护 M2.3 产品合格率 M2.4 售后服务体系 M2.5 积极应对消费者投诉 M2.6 消费投诉解决率 M2.7 客户满意度

续表

	《指南 3.0》		《指南 4.0》
伙伴责任 (M3)	M3.1 战略共享机制及平台 M3.2 诚信经营的理念及制度保障 M3.3 公平竞争的理念及制度保障 M3.4 经济合同履约率 M3.5 识别并描述企业的价值链及责任影响 M3.6 企业在促进价值链履行社会责任方面的倡议和政策 M3.7 企业对价值链成员进行的社会责任教育、培训 M3.8 公司责任采购的制度及（或）方针 M3.9 供应商社会责任评估和调查的程序和频率 M3.10 供应商通过质量、环境和职业健康安全管理体系认证的比率 M3.11 供应商受到经济、社会或环境方面处罚的次数 M3.12 责任采购比率	伙伴责任 (M3)	M3.1 诚信经营 M3.2 公平竞争 M3.3 战略共享机制和平台 M3.4 经济合同履约率 M3.5 尊重和保护知识产权 M3.6 食品供应链管理 M3.7 食品供应商质量安全准入制度 M3.8 食品供应商审核机制 M3.9 针对食品供应商的社会政策、倡议和要求 M3.10 公司责任采购的制度及（或）方针 M3.11 保护农民利益的政策、措施 M3.12 助力行业发展

（四）社会绩效（S 系列）

表 1-5 《指南 4.0》与《指南 3.0》的社会绩效对比表

	《指南 3.0》		《指南 4.0》
政府责任 (S1)	S1.1 企业守法合规体系 S1.2 守法合规培训 S1.3 禁止商业贿赂和商业腐败 S1.4 企业守法合规审查绩效 S1.5 纳税总额 S1.6 响应国家政策 S1.7 确保就业及（或）带动就业的政策或措施 S1.8 报告期内吸纳就业人数	政府责任 (S1)	S1.1 企业守法合规体系建设 S1.2 守法合规培训 S1.3 纳税总额 S1.4 响应国家政策 S1.5 带动就业 S1.6 报告期内吸纳就业人数
员工责任 (S2)	S2.1 劳动合同签订率 S2.2 集体谈判与集体合同覆盖率 S2.3 民主管理 S2.4 参加工会的员工比例 S2.5 通过员工申诉机制申请、处理和解决的员工申诉数量 S2.6 雇员隐私管理 S2.7 兼职工、临时工和劳务派遣工权益保护	员工责任 (S2)	S2.1 员工构成情况 S2.2 劳动合同签订率 S2.3 平等雇佣 S2.4 禁止使用童工 S2.5 反强迫劳动和骚扰虐待 S2.6 多元化和机会平等 S2.7 薪酬和福利体系 S2.8 女性管理者比例 S2.9 员工满意度

续表

	《指南 3.0》		《指南 4.0》
员工责任 (S2)	S2.8 按运营地划分的员工最低工资和当地最低工资的比例 S2.9 社会保险覆盖率 S2.10 超时工作报酬 S2.11 每年人均带薪休假天数 S2.12 按雇佣性质（正式、非正式）划分的福利体系 S2.13 女性管理者比例 S2.14 少数民族或其他种族员工比例 S2.15 残疾人雇佣率或雇佣人数 S2.16 职业健康与安全委员会中员工的占比 S2.17 职业病防治制度 S2.18 职业安全健康培训 S2.19 年度新增职业病和企业累计职业病 S2.20 工伤预防制度和措施 S2.21 员工心理健康制度/措施 S2.22 体检及健康档案覆盖率 S2.23 向兼职工、劳务工和临时工及分包商职工提供同等的健康和安全保护 S2.24 员工职业发展通道 S2.25 员工培训体系 S2.26 员工培训绩效 S2.27 困难员工帮扶投入 S2.28 为特殊人群（如孕妇、哺乳期妇女等）提供特殊保护 S2.29 尊重员工家庭责任和业余生活，确保工作生活平等 S2.30 员工满意度 S2.31 员工流失率	员工责任 (S2)	S2.10 员工流失率 S2.11 民主管理 S2.12 职业发展通道 S2.13 员工培训体系 S2.14 员工培训绩效 S2.15 员工食品安全培训 S2.16 工作环境和条件保障 S2.17 职业健康管理 S2.18 员工心理健康制度/措施 S2.19 困难员工帮扶 S2.20 特殊群体（孕妇、哺乳期妇女等）保护 S2.21 生活工作平衡
安全生产 (S3)	S3.1 安全生产管理体系 S3.2 安全应急管理机制 S3.3 安全教育与培训 S3.4 安全培训绩效 S3.5 安全生产投入 S3.6 安全生产事故数 S3.7 员工伤亡人数	安全生产 (S3)	S3.1 安全生产管理体系 S3.2 安全应急管理机制 S3.3 安全教育与培训 S3.4 安全培训绩效 S3.5 安全生产投入
社区责任 (S4)	S4.1 评估企业进入或退出社区时对社区环境和社会的影响 S4.2 新建项目执行环境和社会影响评估的比率 S4.3 社区代表参与项目建设或开发的机制 S4.4 企业开发或支持运营所在社区中的具有社会效益的项目 S4.5 员工本地化政策	社区责任 (S4)	S4.1 社区沟通和参与机制 S4.2 员工本地化政策 S4.3 本地化雇佣比例 S4.4 本地化采购政策 S4.5 企业公益方针或主要公益领域 S4.6 捐赠总额 S4.7 企业支持志愿者活动的政策、措施 S4.8 员工志愿者活动绩效

续表

《指南 3.0》		《指南 4.0》	
社区责任 (S4)	S4.6 本地化雇佣比例 S4.7 按主要运营地划分，在高层管理者中本地人员的比率 S4.8 本地化采购政策 S4.9 企业公益方针或主要公益领域 S4.10 企业公益基金/基金会 S4.11 海外公益 S4.12 捐赠总额 S4.13 企业支持志愿者活动的政策、措施 S4.14 员工志愿者活动绩效	社区责任 (S4)	S4.9 社区营养知识普及 S4.10 支持可持续农业发展的政策、措施 S4.11 带动地方经济发展 S4.12 助力精准扶贫 S4.13 扶贫专项资金投入 S4.14 脱贫人口数量

（五）环境绩效（E 系列）

表 1-6 《指南 4.0》与《指南 3.0》的环境绩效对比表

《指南 3.0》		《指南 4.0》	
绿色运营 (E1)	E1.1 建立环境管理组织体系和制度体系 E1.2 环保预警及应急机制 E1.3 参与或加入环保组织或倡议 E1.4 企业环境影响评价 E1.5 环保总投资 E1.6 环保培训与宣传 E1.7 环保培训绩效 E1.8 环境信息公开 E1.9 与社区沟通环境影响和风险的程序和频率 E1.10 绿色办公措施 E1.11 绿色办公绩效 E1.12 减少公务旅行节约的能源 E1.13 绿色建筑和营业网点	绿色管理 (E1)	E1.1 环境管理体系 E1.2 环保预警及应急机制 E1.3 企业环境影响评价 E1.4 环保总投资 E1.5 环保培训和宣教 E1.6 环保培训绩效 E1.7 环保技术研发与应用 E1.8 绿色工厂选址原则 E1.9 关注动物福利 E1.10 应对气候变化
绿色工厂 (E2)	E2.1 建立能源管理体系 E2.2 节约能源政策措施 E2.3 全年能源消耗总量 E2.4 企业单位产值综合能耗 E2.5 企业使用新能源、可再生能源或清洁能源的政策、措施 E2.6 新能源、可再生能源或清洁能源使用量 E2.7 减少废气排放的政策、措施或技术 E2.8 废气排放量及减排量 E2.9 减少废水排放的制度、措施或技术 E2.10 废水排放量及减排量 E2.11 减少废弃物排放的制度、措施或技术 E2.12 废弃物排放量及减排量	绿色生产 (E2)	E2.1 在产品设计时考虑环境因素 E2.2 节约能源的政策、措施 E2.3 降低产品和服务的能源需求 E2.4 节约水资源的政策、措施 E2.5 减少"三废"排放的制度、措施或技术

续表

	《指南 3.0》		《指南 4.0》
绿色工厂（E2）	E2.13 发展循环经济的政策、措施 E2.14 再生资源循环利用率 E2.15 建设节水型企业 E2.16 年度新鲜水用水量/单位工业增加值新鲜水耗 E2.17 中水循环使用量 E2.18 减少温室气体排放的计划及行动 E2.19 温室气体排放量及减排量	绿色生产（E2）	E2.6 "三废"排放量及减排量 E2.7 发展循环经济的政策、措施 E2.8 循环经济发展绩效 E2.9 产品/人力运输过程中对环境的影响 E2.10 支持绿色低碳产品的研发与销售 E2.11 支持包装减量化和包装物回收的政策 E2.12 包装减量化和包装物回收量
绿色产品（E3）	E3.1 供应商通过 ISO14000 环境管理体系认证的比例 E3.2 提升供应商环境保护意识和能力的措施 E3.3 供应商受到环保方面处罚的个数和次数 E3.4 支持绿色低碳产品的研发与销售 E3.5 废旧产品回收的措施和绩效 E3.6 包装减量化和包装物回收的政策和绩效		
绿色生态（E4）	E4.1 保护生物多样性 E4.2 在工程建设中保护自然栖息地、湿地、森林、野生动物廊道、农业用地 E4.3 生态恢复与治理 E4.4 生态恢复治理率 E4.5 环保公益活动	绿色运营（E3）	E3.1 绿色办公措施 E3.2 绿色办公绩效 E3.3 生态恢复与治理 E3.4 保护生物多样性 E3.5 零净砍伐 E3.6 环保公益活动

（六）报告后记（A 系列）

表 1-7 《指南 4.0》与《指南 3.0》的报告后记对比表

	《指南 3.0》		《指南 4.0》
(A1)	未来计划：公司对社会责任工作的规划	(A1)	未来计划：公司对社会责任工作的规划
		(A2)	关键绩效表：企业年度社会责任关键数据的集中展示
		(A3)	企业荣誉表：企业年度社会责任重要荣誉的集中展示
(A2)	报告评价：社会责任专家或行业专家、利益相关方或专业机构对报告的评价	(A4)	报告评价：社会责任专家或行业专家、利益相关方或专业机构对报告的评价
(A3)	参考索引：对本指南要求披露指标的采用情况	(A5)	参考索引：对本指南要求披露指标的采用情况
(A4)	意见反馈：读者意见调查表及读者意见反馈渠道	(A6)	意见反馈：读者意见调查表及读者意见反馈渠道

第二章 食品行业社会责任

食品是人类生存的必需品。食品①指各种供人食用或者饮用的成品和原料以及按照传统既是食品又是药品的物品，但不包括以治疗为目的的物品。国家标准GB2760-2011《食品安全标准食品添加剂》将食品分为十六大类，包括乳及乳制品、冷冻饮品、粮食与粮食制品、焙烤食品、肉及肉制品、调味品等。食品行业作为第二产业，是连接第一产业（农林牧渔业）和第三产业（主要是服务业）的重要纽带。

一、食品行业在国计民生中的地位

民以食为天。食品行业是人类的生命工业，是人民生活质量高低及国家文明的重要标志。食品行业关系到最广大人民群众的切身利益，是我国国民经济的支柱产业和最基本的民生问题，更与全面建成小康社会密切相关。食品行业的发展不仅关系到人民的身体健康和生命安全，还对拉动就业，增加农民收入，推动农业现代化发展及国民经济持续、稳定、健康发展具有重要的意义。

（一）食品行业是保障国民健康安全的物质基础

食品行业为人类生存发展提供了最基本的物质保障。食品安全直接关系着13亿多人的健康安全。随着经济的发展，人民群众日益增长的食品安全需求与健康食品供给之间还存在较大差距。我国的食品问题已经从食品短缺向食品丰

---

① 参见《食品安全法》第九十九条对"食品"的定义。

富、从食品数量保障向食品质量保障转变。近两年的抽检结果显示，我国食品安全形势总体平稳，样品抽检合格率稳中有升。与此同时，在一些领域仍然存在食品安全风险隐患，农兽药残留超标、非法添加滥用食品添加剂等问题不容忽视。把人民的健康放在优先发展的战略地位，仍是食品企业发展的方向和目标。

（二）食品行业有助于调节国民经济的发展

近年来，我国供给侧结构性改革不断深入推进，去产能、去杠杆、降成本等政策措施有效落实，我国食品行业加快了结构调整、转型升级的步伐，实现产业由低端向中高端迈进。2017年，我国食品工业以占全国工业6.9%的资产，创造了9.8%的主营业务收入，完成了10.6%的利润总额。食品工业总体增速稳步回升，质量效益持续改善，在保障民生、拉动内需、促进经济提升等方面做出了巨大贡献。

（三）食品行业对关联产业具有巨大的带动作用

食品行业是密切联系其他相关产业的重要纽带。在生产运营过程中，食品行业涉及上游、中游、下游各相关产业，产业链横跨第一、第二、第三产业，纵向延伸与横向拓展速度加快，与农林牧渔、机械、印刷、包装、销售等环节关联紧密，能够有效带动相关行业的发展，促进国民经济的稳定增长。

（四）食品行业能够促进农村劳动力转移就业和农民增收

农村剩余劳动力的出现是农业大国在工业化和城市化过程中不可避免的现象，食品企业通过"公司+农户"的组织形式，促进农产品加工转化增值，带动了农业发展和农民增收，特别是在西部地区和经济欠发达地区，食品行业的发展对当地经济发展和农民脱贫致富发挥了重要作用，并已成为吸纳农村剩余劳动力就业的主要主体之一。

（五）食品行业能够推动现代化农业的发展

为实现可持续发展，食品企业不断深入推进供给侧改革，创新科技研发，加快信息化建设，运用大数据，实现"互联网+"技术在全产业链的广泛应用。与此同时，作为食品行业的源头，农业通过与科技、互联网的相结合，使现代化的信息技术在农业领域得到广阔的舞台,不断推动现代化农业的发展,建设具有更高产业价值的现代化农业,实现经济效益和社会效益的双赢目标。

二、食品行业履行社会责任的意义

在党的十九大会议上,习近平总书记宣布中国特色社会主义进入新时代,从"新时期"到"新时代",中国企业也迈进了"新征程"。党的十九大精神为中国企业履行社会责任赋予了新的内容、指明了发展方向,让企业社会责任提升到更高水平,使承担社会责任成为企业的应有姿态。食品行业作为国民经济的重要支柱产业之一,关乎国计民生,履行企业社会责任更是义不容辞。

(一)宏观层面,保障食品安全,全面助力实现健康中国梦

保障食品安全是提高人民健康素质的基础,也是全面建成小康社会的重要目标,更是满足人民日益增长的美好生活的基本要求。新《食品安全法》作为史上最严食品法典,制定了严格的食品安全标准,为保障食品安全"念出"了"紧箍咒"。食品安全"十三五"规划建议提出:"实施食品安全战略,形成严密高效、社会共治的食品安全治理体系,让人民群众吃得放心。"《健康中国2030战略》提出:"加强食品安全监管,完善食品安全标准体系,实现食品安全标准与国际标准基本接轨。加强食品安全风险监测评估,到2030年,食品安全风险监测与食源性疾病报告网络实现全覆盖。健全从源头到消费全过程的监管格局,严守从农田到餐桌的每一道防线,让人民群众吃得安全、吃得放心。"

由于食品行业的特殊性,承担和履行社会责任的重要性不容忽视。近几年,食品行业社会责任缺失事件屡见不鲜,食品安全问题已严重威胁到人民群众的身体健康和生命安全。然而食品企业对社会责任的重视程度普遍有所欠缺,因此,食品企业应当承担保证食品安全健康的重要责任,完善食品安全信息公开,健全食品安全监管,将食品安全作为生产企业不能触碰的底线,重视食品产业链上下游的安全问题,推进食品可追溯系统和信息化共享平台的建立,以促进社会和谐有序发展,为实现"健康中国"的目标共同努力。

（二）中观层面，响应农业供给侧改革，促进农业可持续发展

保障食品安全不仅是全面建成小康社会的迫切需要，更是保障农业供给侧结构性改革的重要举措。虽然农业供给侧结构性改革取得初步成效，但仍然面临供给质量低、供给结构单一、粗放式发展等问题。食品企业履行社会责任，一方面，能够从供给源头控制产品质量，实现对产业链各环节的全程监管、监控，保障产品的质量安全；另一方面，企业为顺应科技创新及消费者需求的变化趋势，会催生和研发出更多适应消费者需求的产品，使产品结构更丰富、科技含量更高，淘汰更多落后的产业生产方式，在一定程度上加快了农业现代化和可持续的发展。

在消费升级的新时代，只有坚持深化供给侧改革，履行社会责任，才能解决人民日益增长的物质文化需要同落后的社会生产力之间的矛盾。食品行业只有以消费者为导向，提高产品质量，加强产品创新，优化供应链管理，推动绿色发展，实现企业转型升级，才能提高农业可持续发展水平，实现企业可持续发展。

（三）微观层面，加强企业诚信建设，保障企业长远发展

利益相关方责任是企业履行社会责任的重要关注对象，而我国食品行业的发展，其生产、加工、销售和经营最终要通过消费者的货币选票实现。因此，消费者的认可度和满意度对食品行业来说尤为重要，企业如果抛弃对消费者所肩负的首要社会责任，终将被消费者淘汰。

近年来，食品安全事故频发，部分食品企业诚信缺失，过分追求利益最大化，为牟取非法利益，或在生产、销售的过程中使用劣质原料，或偷工减料、以假乱真、以次充好，或超量使用食品添加剂、滥用非食品用加工化学添加物，这些事件在一定程度上造成消费者对我国食品质量信心不足。因此，食品企业应履行企业社会责任，保障食品的健康和安全，为消费者提供对称的产品信息和良好的售后服务，加强企业诚信建设，促进企业健康发展。

三、食品行业社会责任特征及要求

在履行社会责任的过程中,各行各业表现出不同的社会责任特征,也提出了不同的社会责任议题要求。从行业特点出发,食品企业在保障食品安全、加强食品研发、促进农业可持续、绿色经营四个方面表现出了显著不同的社会责任特征和要求。

(一) 保障食品安全

2015年"两会"期间,"食品安全"不断被提及,引起了社会各界广泛关注。新出台的《食品安全法》被称为"史上最严",围绕最严谨的标准、最严格的监管、最严厉的处罚和最严肃的问责的要求,切实化解食品安全治理的难题,表明政府铁腕治理食品安全的态度和决心。

食品企业应主动承担食品生产的主体责任,切实保障食品安全,以实现健康可持续发展。具体来看,食品企业一方面应建立相应的食品安全管理体系,从原料采购、生产、运输到销售各环节进行食品安全风险控制;另一方面提升食品企业透明度,以提高消费者的参与能力,如推进食品可追溯系统的建设,落实食品标签制度,积极参与食品安全风险交流活动等。

(二) 食品营养与健康

党的十九大报告提出"人民健康是民族昌盛和国家富强的重要标志。实施健康中国战略,要完善国民健康政策,为人民群众提供全方位全周期健康服务"。食品与营养密不可分,随着城乡居民收入水平明显提高、消费方式显著变化,消费观念逐步向"吃得好""吃得营养""吃得健康"转变。目前,我国食物生产还不能适应营养需求,居民营养不足与营养过剩并存,营养与健康知识缺乏等主要问题仍旧存在。

2017年,国务院办公厅发布《中国食物与营养发展纲要(2014~2020年)》,明确提出:"坚持以人民健康为中心,以普及营养健康知识、优化营养健康服务、完善营养健康制度、建设营养健康环境、发展营养健康产业为重点，立足现状，着眼长远，关注国民生命全周期、健康全过程的营养健康，将营养融入所有健康政策，不断满足人民群众营养健康需求，提高全民健康水平，为建设健康中国奠定坚实基础。"

对于食品企业来说，应该协同政府积极解决营养问题，普及营养与健康知识，加强重点人群食品研发，提升科研创新水平，满足孕妇、婴幼儿、老人等特殊人群的营养需求。

（三）绿色农业

进入新时代，民众对美好生活有了新的需求，发展绿色农业已经成为全社会的共识。绿色农业既是促进农业提质增效的关键，更是农业现代化发展的方向。农业作为食品安全环节的源头及全产业链的上游环节，在现阶段仍然存在产业化程度低、产品附加值低、成本较高、农业肥料污染较重等问题。这些问题同时也是农产品质量安全、管控形势严峻的重要原因。因此，发展绿色农业要加快推进农业发展方式的变革，从过去传统依靠资源消耗转变为绿色高效方式，依靠科技创新提高农产品附加值，切实保障农业可持续发展，加快建设资源节约型、环境友好型农业，让中国的农业更绿、农民更美。

（四）生态保护

生态环保是人类社会实现可持续发展的必然选择，近年来食品行业资源浪费、污染环境等现象凸显，逐渐引起社会关注。食品企业应积极应对生态环境保护问题。首先，大力减排，比如，食品企业存在过度包装问题，为有效利用资源，企业应该将"减量化"作为首要目标。其次，强化资源节约意识，创新技术，实现能源资源的高效循环利用。最后，积极发展清洁能源，优化产品结构，努力实现企业与环境的可持续、永久性发展。

第三章　食品行业社会责任报告特征与现状

国际知名食品企业高度重视社会责任工作，在社会责任的履行实践方面具有深刻认识，社会责任报告起步较早且已连续发布多年，关注的议题基本相通，且均建有比较完善的社会责任组织架构和健全的社会责任管理体系。这些国际优秀的食品企业始终紧扣时代发展脉搏，在实现企业发展、推动时代进步的同时，引领社会责任管理与实践的发展。国内食品企业在发布企业社会责任报告方面起步较晚，但近年来报告数量不断增多。鉴于此，我们分析国内外社会责任报告的特征与趋势，一方面，可以了解国外食品企业社会责任报告的特点及关注议题；另一方面，可以通过借鉴国际经验来完善食品企业社会责任报告的全生命周期管理。

一、国际食品行业社会责任报告特征

企业社会责任报告是企业非财务信息披露的重要载体，它披露了以非财务指标来衡量评估的各个公司与内外部相关利益方责任履行状况。企业在运营过程中所涉及的食品营养问题、食品安全问题、农业可持续发展、环境保护问题等越来越引起社会各方面的关注，同时也推动了企业对社会责任的关注与担当，要求企业更加关注利益相关方的责任。国际社会为推进企业履行社会责任进行了深入而广泛的合作，出台了一系列标准和文件，为企业社会责任报告书的编撰提供了规范性框架，为国际食品行业企业社会责任的发展提供了有益借鉴。

食品行业的社会责任从本质上来说，和其他一般行业的社会责任要求一样，但因其行业与人的生命健康紧密相连，极具重要性和特殊性。因此，在评价食品行业的社会责任时，更应考虑对消费者的责任，具体包括食品营养责任、食品安全责任、信息公开责任等。

根据 2017 年 500 强财富榜单，本书选取了在可持续发展方面具有优异表现的 5 家国际食品行业企业为目标企业，对其基本信息进行总结，如表 3-1 所示。

表 3-1　国际食品行业发布社会责任报告样本企业特征

500 强排名	企业名称	总部所在地	营业收入（百万美元）
64	雀巢公司（NESTEL）	瑞士	90813.9
131	百事公司（PEPSICO）	美国	62799
410	卡夫亨氏公司（KRAFT HEINZ）	美国	26487
421	亿滋国际（MONDELEZ INTERNATIONAL）	美国	25923
446	达能（DANONE）	法国	24266.7

首先，从国际知名食品企业发布企业社会责任报告的基本情况来看，报告披露的社会责任绩效的可信度较高，采用内部和外部共同评价的方式保证内容的真实性，体现食品企业对社会责任信息披露的高度重视。其次，食品企业社会责任报告内容较完整、结构较规范，这些报告大都严格参照国际通行标准 GRI Standards 来披露信息。最后，国际知名食品企业社会责任报告关注的核心议题基本相同、基本内容相通，均对营养健康、农村发展、环境保护等方面予以充分的关注。

国际食品行业企业社会责任报告基本概况如表 3-2 所示：

表 3-2　国际食品行业发布企业社会责任报告概况

企业名称	报告名称	报告参考标准	报告页码	第三方审验
雀巢公司（NESTEL）	《雀巢 2017 可持续发展报告》	GRI Standards	113	否
百事公司（PEPSICO）	《百事 2016 年可持续发展报告》	GRI Standards	77	否
卡夫亨氏公司（KRAFT HEINZ）	《卡夫亨氏 2016 年社会责任报告》	GRI Standards	67	否
亿滋国际（MONDELEZ INTERNATIONAL）	《亿滋国际 2016 年进展报告》	无	43	否
达能（DANONE）	《达能集团 2016 年可持续发展报告》	无	47	是

通过对比分析以上企业近几年来的社会责任报告，主要有以下几个方面的特征：

(一)报告注重绩效数据披露,用事实和数据说话特点显著

国际食品企业报告在报告内容呈现上善于运用大量绩效数据和案例说话,通过定量材料进一步提高报告内容的丰富性和说服力。例如,卡夫亨氏在2017年报告中,为每项议题设置2020年的绩效目标,集中阐述围绕各家目标公司将如何采取行动和措施。《百事2016年可持续发展报告》在结合联合国可持续发展目标的基础上,制定未来绩效目标,各章节重要指标的绩效使用大量数据,提升指标的表现力(见图3-1)。

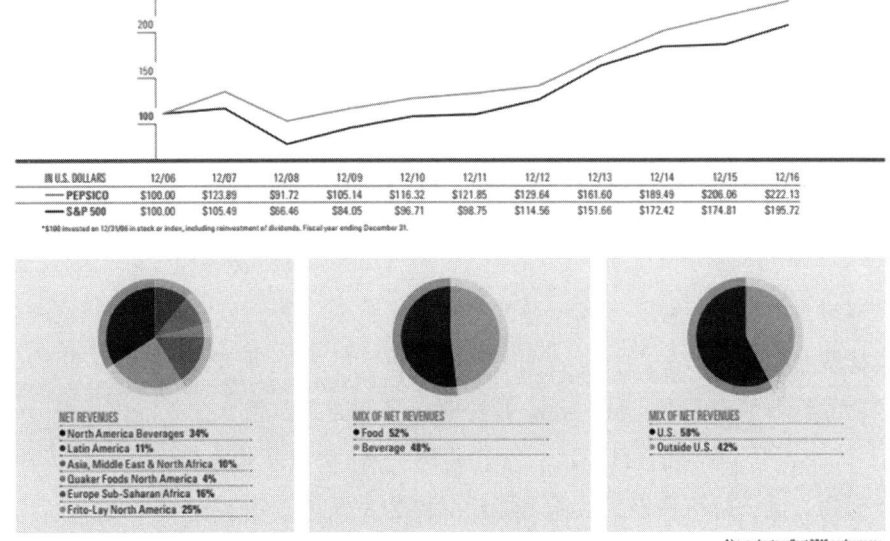

图3-1 《百事2016年可持续发展报告》

(二)报告采用外部/第三方审验,提升报告可信度,助力改善社会责任绩效

企业社会责任报告的审验,是由独立的审验方使用一套详细制定的原则和标准,经过专业的检测、审核、评估、确认等程序,评价企业社会责任报告的质量和保障企业社会责任绩效的管理体系、流程和能力。为确保报告内容的客观性和可靠性,国际食品企业不仅在报告中通过数据表格等多种形式展示企业绩效数据,还采用第三方专业机构对社会责任报告进行独立审验,验证报告的真实性和可信度。《达能集团2016年可持续发展报告》不仅采用道琼斯指数评估,还在

MSCI 的 ESG 评价中获得 AAA 级评价,并且获得 OEKM 公司"Prime"等级评价。通过这些外部评价/审验,有效地提高了报告的真实性和可靠性。

(三)报告编写结构规范完整,内容信息披露全面真实

根据表 3-2,分析近年来国际知名食品企业发布的社会责任报告可知,这些报告大都严格参照国际标准披露信息,结构严谨且规范,内容完整,具有很高的准确性。以美国的百事公司(PEPSICO)为例,在编写报告过程中,始终坚持遵循全球报告倡议组织(GRI)的框架,以此确保内容的完整性和结构的规范性。《百事 2016 年可持续发展报告》在对标 GRI Standards 的基础上,对标联合国可持续发展目标,从经济、社会、环境等多个角度阐述履责绩效。以《雀巢 2017 可持续发展报告》为例,从个人、家庭、社区和地球环境等角度呈现 2017 年公司履责实践行动,议题披露全面,全方位地展现了各个履责层面的内容。

(四)报告聚焦行业热点议题,可持续发展理念成为食品行业发展共识

通过对百事、达能等 5 家企业的报告进行分析,我们可以看出有 4 家企业报告对标联合国可持续发展目标,在报告中将可持续发展理念贯穿始终,报告议题聚焦食品行业热点议题;同时各企业根据自身的业务范围、企业特色,议题也有所差异。从表 3-3 我们可以看出,国际食品企业对食品营养与安全、环境保护、科技创新、助力社区发展、农业可持续等更为关注。总体来看,食品企业行业性议题特色明显,议题分布较为集中。

表 3-3 国际食品行业对标企业的实质性议题

关键议题	重点与趋势
食品营养与安全	确保食品营养均衡、营养研究、食品安全、问题食品召回、食品标签合规、可追溯系统
环境保护	应对气候变化、循环包装/包装减量化、可再生能源、关注动物福利、保护生物多样性、水资源管理
科技创新	研发投入、产品创新、支持营养科学研究
助力社区发展	促进当地社会社区发展、本地化运营、增加就业、社区营养知识培训
农业可持续	可持续采购、可持续农业

二、国内食品行业社会责任报告发展现状

根据《中国企业社会责任报告白皮书 2017》所示信息（见表 3-4），选取食品行业社会责任报告作为研究对象，通过对报告的观察和分析，最终得出结论。

表 3-4　国内食品行业对标企业基本信息①

企业名称	总页数	公司第几份报告
泸州老窖股份有限公司	8	10
安徽古井贡酒股份有限公司	12	5
北京燕京啤酒股份有限公司	23	9
宜宾五粮液股份有限公司	99	7
烟台张裕葡萄酿酒股份有限公司	7	9
河南双汇投资发展股份有限公司	25	9
保龄宝生物股份有限公司	13	5
江苏洋河酒厂股份有限公司	28	7
深圳市金新农科技股份有限公司	20	5
洽洽食品股份有限公司	15	6
海欣食品股份有限公司	7	5
浙江古越龙山绍兴酒股份有限公司	15	9
新疆伊力特实业股份有限公司	24	7
新疆冠农果茸集团股份有限公司	14	7
安琪酵母股份有限公司	20	6
北京三元食品股份有限公司	57	3
甘肃莫高实业发展股份有限公司	10	4
福建省燕京惠泉啤酒股份有限公司	9	10
光明乳业股份有限公司	45	7
青岛啤酒股份有限公司	54	9
上海金枫酒业股份有限公司	19	7

① 该部分数据主要来自《中国企业社会责任报告白皮书 2017》。

续表

企业名称	总页数	公司第几份报告
四川沱牌舍得酒业股份有限公司	9	9
中粮屯河糖业股份有限公司	14	6
上海广泽食品科技股份有限公司	15	1
内蒙古伊利实业集团股份有限公司	89	7
国投中鲁果汁股份有限公司	33	9
会稽山绍兴酒股份有限公司	13	3
金徽酒股份有限公司	10	1
华润雪花啤酒（中国）有限公司	93	5
中国盐业集团有限公司	88	6
中粮集团有限公司	74	8
统一企业中国控股有限公司	10	1
中国贵州茅台酒厂（集团）有限责任公司	82	9
可口可乐（中国）饮料有限公司	148	6
山西杏花村汾酒集团有限责任公司	48	3
华润怡宝饮料（中国）有限公司	83	4
华联国际（控股）有限公司	11	1
王朝酒业集团有限公司	12	1
长寿花食品股份有限公司	9	1
中国雨润食品集团有限公司	30	1
博华太平洋国际控股有限公司	25	1
乐游科技控股有限公司	9	1
健合（H&H）国际控股有限公司	46	1
西藏水资源有限公司	11	1
蜡笔小新休闲食品集团有限公司	19	1
嘉士利集团有限公司	11	1
惠生国际控股有限公司	27	1
周黑鸭国际控股有限公司	52	1
中国中地乳业控股有限公司	40	1
颐海国际控股有限公司	22	1
亲亲食品集团（开曼）股份有限公司	8	1
中国普甜食品控股有限公司	46	1

续表

企业名称	总页数	公司第几份报告
中国汇源果汁集团有限公司	25	1
烟台北方安德利果汁股份有限公司	17	1
兰州庄园牧场股份有限公司	7	1
中国海升果汁控股有限公司	7	1
坪山茶业集团有限公司	26	1
中国通天酒业集团有限公司	9	1
阜丰集团有限公司	10	1
中国康大食品有限公司	11	1
银基集团控股有限公司	15	1
碧生源控股有限公司	24	1
中国蒙牛乳业有限公司	70	4
中国粮油控股有限公司	54	8
中国食品有限公司	39	1
雅士利国际控股有限公司	54	1
中粮肉食控股有限公司	8	1
老恒和酿造有限公司	57	1
达利食品集团有限公司	25	1
中国淀粉控股有限公司	10	1
康师傅控股有限公司	26	1
百事公司大中华区	51	1

（一）从发布数量来看，食品企业报告数量持续增长

近几年，食品企业发布社会责任报告的数量呈现不断增长的趋势，发布企业社会责任报告已经成为行业共识和发展趋势。从图3-2中可见，从2012年仅有16家企业发布社会责任报告，经过5年的发展，到2017年，已有72家企业连续多年发布企业社会责任报告。由此可见，企业对社会责任报告的重视程度不断增加，推动整个行业社会责任稳步提升。

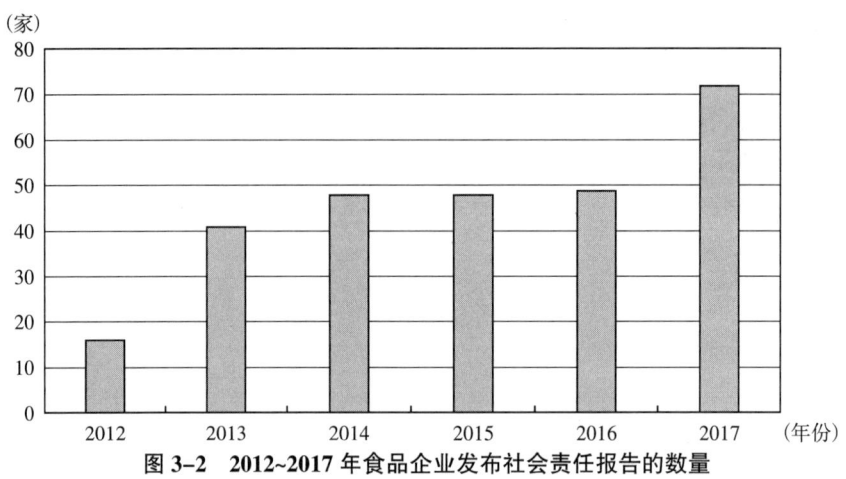

图 3-2　2012~2017 年食品企业发布社会责任报告的数量

（二）从报告篇幅来看，食品企业报告篇幅差异较大

篇幅适宜的社会责任报告才能较为完整地覆盖企业在社会责任方面的理念、制度、措施和绩效。2017 年食品企业社会责任报告篇幅差异较大，最短篇幅为 7 页，最长篇幅为 148 页，70.83%的报告在 40 页以下，超过 100 页的仅 1 家。其中篇幅最长的为可口可乐（中国）饮料有限公司的报告，长达 148 页。其次为宜宾五粮液股份有限公司的报告，有 99 页。可见，各家企业间的报告的篇幅差异较大，未来有待进一步完善和提升。

（三）从报告质量来看，食品企业报告质量参差不齐

从对标企业的社会报告质量方面看，报告质量参差不齐。大部分报告内容以简单文字描述为主，排版设计简单，缺乏数据图片支撑，报告的完整性和创新性有待进一步提升。其中，蒙牛 2016 年社会责任报告设计感强，图文并茂，运用大量数据指标和案例阐述，表现力和可信度强，值得企业借鉴和学习。

（四）从报告议题来看，食品企业报告议题更加关注本质责任

为消费者提供健康安全的产品是食品企业最重要的社会责任。从表 3-5 可以看出，国内食品企业社会实质性议题主要集中在食品健康与安全、产品研发与创新、供应链管理、环境保护、客户服务等方面，行业议题特色显著，更多关注企业的本质责任。

表 3-5　国内食品行业对标企业实质性议题

关键议题	重点与趋势
食品健康与安全	全产业链质量管理、生产过程监控、产品合格率、食品安全教育、安全生产管理、安全应急管理体系、安全生产培训、普及营养健康知识
产品研发与创新	科技研发、产品创新、科技成果转化、知识产权保护
供应链管理	责任采购、推动供应商履责、供应商审查、支持农户发展
员工成长与发展	员工基本权益、员工培训与发展、员工关爱、职业健康管理等
客户服务	售后服务、应对客户投诉、客户满意度
环境保护	绿色工厂、绿色运输、绿色包装、循环经济、节能减排
慈善公益	志愿者活动、精准扶贫、社区帮扶等

（五）从报告形式来看，食品行业报告编制趋于科学且多元化

国内食品企业在编制报告的过程中，编制标准和编制形式日趋科学和多元化。一方面，报告编写标准范围广泛，涵盖国内外数十项标准体系，如 G4、GB/T36001-2005、ISO26000、CASS-CSR3.0、联合国可持续发展目标、全球契约等；另一方面，报告的表现形式除了传统报告外，企业还通过简版报告、H5 报告、视频报告等多样化的形式展现企业履行社会责任的理论和实践。

第四章 报告指标详解

一、报告前言（P系列）

报告前言板块依次披露报告规范、高管致辞、责任聚焦和企业简介。如图4-1所示。

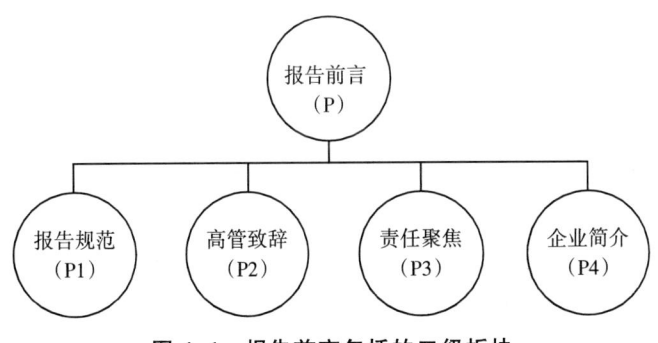

图4-1 报告前言包括的二级板块

（一）报告规范（P1）

P1.1 质量保证

【指标解读】：规范的程序是社会责任报告质量的重要保证。报告质量保证程序是指企业在编写社会责任报告的过程中通过什么程序或流程确保报告披露信息正确、完整、平衡。

示例：

本报告引用的全部信息数据均来自公司正式文件、统计报告与财务报告。本报告素材由蒙牛员工及合作伙伴提供，目的仅供蒙牛可持续发展管理进展披露使用，不用于商业用途。

——《2017 中国蒙牛乳业有限公司可持续发展报告（ESG 报告）》

P1.2 信息说明

【指标解读】：本指标的主要因素包括：

● 应披露此报告为第几份社会责任报告、报告发布周期、报告参考标准和数据说明。

● 应解释报告信息和数据覆盖的范围，如是否覆盖下属企业、合资企业以及供应链。由于各种原因（如并购、重组等），一些下属企业或合资企业在报告期内无法纳入社会责任报告的信息披露范围，企业必须说明报告的信息边界。

● 此外，如果企业在海外运营，需在报告中说明哪些信息涵盖了海外运营组织；如果企业报告涵盖供应链，需对供应链信息披露的原则和信息边界做出说明。

● 解答报告及其内容方面的问题、联络人及联络方式、报告获取方式、延伸阅读。

示例：

时间范围：2017 年 1 月 1 日至 12 月 31 日，部分内容及数据适当追溯至以往年份。

组织范围：以"中国蒙牛乳业有限公司"为主体，包括所属分、子公司及直属机构。

发布情况：《中国蒙牛乳业有限公司可持续发展报告（2017）》是本公司发布的第五份综合性非财务报告。此前发布的四份综合性非财务报告分别为：

《中国蒙牛乳业有限公司社会责任报告（1999~2007）》

《中国蒙牛乳业有限公司社会责任报告（2008~2013）》

《中国蒙牛乳业有限公司可持续发展报告（2014~2015）》

《中国蒙牛乳业有限公司可持续发展报告（2016）》

报告反馈建议：若您对本报告有疑问或建议，请致函中国蒙牛乳业有限公司企业社会责任部。

联系地址：北京市通州区食品工业园区一区一号

电话：010-69579758

邮箱：jiayanhua@mengniu.com

网址：http://www.mengniu.com.cn/

——《2017中国蒙牛乳业有限公司可持续发展报告（ESG报告）》

P1.3 报告体系

【指标解读】：本指标主要指公司的社会责任信息披露渠道和披露方式。社会责任信息披露具有不同形式和渠道。部分公司在发布社会责任报告的同时，发布国别报告、产品报告、环境报告、公益报告等，这些报告均是企业披露社会责任信息的重要途径，企业应在社会责任报告中对这些信息披露形式和渠道进行介绍。

示例：

本报告有中文简体、中文繁体、英文三个版本。若内容理解不一致，请以报告中文简体版本为准。

——《2017中国蒙牛乳业有限公司可持续发展报告（ESG报告）》

（二）高管致辞（P2）

高管致辞是企业最高领导人（团队）对企业社会责任工作的概括性阐释，高管致辞代表了企业最高领导人（团队）对社会责任的态度和重视程度，主要包括以下两个方面的内容：

P2.1 履行社会责任的形势分析与战略考量

【指标解读】：本指标主要描述企业对社会责任与可持续发展的形势判断，开展社会责任工作对经济、社会、环境发展的重要意义以及企业社会责任工作的战略、范式等。

> **示例：**
>
> 践行新的发展理念，拥抱更加辉煌的新时代。我们将回归创业初心，开启全新征途。我们将秉持"产品不妥协、质量不妥协、执行不妥协、价值观不妥协"的精神，回归高执行力的"狼性"团队文化，抱以"必赢、共赢"的决心，共筑百年蒙牛，共赢乳业冠军。我们将坚守在全球乳业第一阵营，加速迈向蒙牛的"2020目标"，进而为消费者提供更加绿色健康的优质乳品，更好地满足人们对于美好生活的向往！
>
> ——《2017中国蒙牛乳业有限公司可持续发展报告（ESG报告）》

P2.2 年度社会责任工作进展

【指标解读】：本指标主要指企业本年度在经济、社会和环境领域取得了哪些关键绩效，以及存在哪些不足和应需改进的地方。

> **示例：**
>
> 立足国企责任，三元始终肩扛振兴民族乳企重任。2017年，三元食品以"一带一路"倡议为引领，实现了西北部市场新突破，提升三元品牌在西北区域的知名度；依托母婴工程中心建立国内最大的母乳数据库，研发适合中国宝宝的婴幼儿配方奶粉，肩负起振兴国产婴幼儿奶粉品牌的重任；落实国家精准扶贫战略，开展一系列健康扶贫项目，向全社会传递三元的"良心、爱心、责任心"。
>
> ——《三元食品2017企业社会责任报告》

（三）责任聚焦（P3）

责任聚焦是对企业年度社会责任履责绩效和亮点工作的突出呈现。

P3.1 公司年度社会责任重大事件

【指标解读】：本指标主要指从战略行为和管理行为的角度出发，企业在报告期内做出的重大管理改善，包括但不限于：制定新的社会责任战略；建立社会责任组织机构；在社会责任实践领域取得重大进展；下属企业社会责任重大进展；等等。

示例：

蒙牛坚持"国际化"驱动战略，致力于打造世界一流乳制品企业，紧抓"一带一路"倡议机遇，整合全球最顶尖资源，合作研发新技术、新产品，构建乳业可持续生态圈的全球创新平台。同时，蒙牛关注人们对于追求健康生活的美好愿望，秉承体育与大众同在的精神内核，助力大众体育和全民健身的发展。蒙牛成为2018年俄罗斯世界杯全球官方赞助商，这是国际足联在全球赞助商级别首次合作乳品品牌，也是中国食品饮料行业成为世界杯全球赞助商的第一个品牌。

——《2017中国蒙牛乳业有限公司可持续发展报告（ESG报告）》

P3.2 社会责任重点议题进展及成效

【指标解读】：本指标对报告期内企业最主要的责任议题进行重点阐述和集中展现，体现企业社会责任工作的战略性和突出的社会环境价值。

示例：

三元食品始终坚持以习近平总书记在国有企业党建工作会上的讲话精神为指导，全面从严治党，按照"融入中心做工作，进入管理起作用，引领文化保方向，服务大局有作为"的总体思路，积极探索和构建党建工作体系，通过加强思想引领，强化人才强企，促进凝心聚力，为公司快速发展提供强大动力。目前共下辖北京3个基层党委，3个党总支，2个直属党支部，21个基层党支部，党员444人；外埠企业1个基层党委，9个党支部，党员总数294人。

——《三元食品2017企业社会责任报告》

（四）企业简介（P4）

P4.1 企业战略与文化

【指标解读】：本指标描述企业的愿景、目标、使命或核心价值。

示例：

企业愿景：国家盐业公司+优秀化工企业

企业使命：引领现代盐业　创造美好生活

企业核心价值观：创业创新　同心同力

——《2017中盐集团社会责任报告》

P4.2　组织架构及运营地域

【指标解读】：组织架构是指一个组织整体的结构，是在企业管理要求、管控定位、管理模式及业务特征等多因素影响下，在企业内部组织资源、搭建流程、开展业务、落实管理的基本要素。组织的运营地域包括其海内外的运营企业、附属及合营机构。

示例：

中国蒙牛乳业有限公司（股票代码：SEHK2319）及其子公司于中国生产及销售优质乳制品。蒙牛已成为中国领先的乳制品生产商之一，提供多元化的产品，包括液态奶（如UHT奶、乳饮料及酸奶）、冰淇淋、奶粉及其他产品（如植物蛋白饮品、奶酪）。2017年12月，蒙牛乳制品的全年生产能力达922万吨。2014年3月，蒙牛被纳入恒生指数成份股，成为首家中国乳制品企业蓝筹股。

美国：合作建立"蒙牛—加州大学戴维斯分校（UC Davis）营养健康创新研究院"。

欧洲：与达能、Arla Foods开展战略合作；在丹麦、德国、奥地利等地布局优质奶源。

中国内地：在全国21个省、直辖市、自治区建设38个生产基地、58间工厂。

亚洲：产品销售覆盖新加坡、缅甸、柬埔寨等国家，以及中国香港、澳门等地区。

新西兰：与鹏欣、Miraka合作布局优质奶源，建立雅士利新西兰工厂。

——《2017中国蒙牛乳业有限公司可持续发展报告（ESG报告）》

P4.3 主要产品、服务和品牌

【指标解读】：通常情况下，企业对社会和环境的影响主要通过其向社会提供的产品和服务来实现。因此，企业应在报告中披露其主要品牌、产品和服务，以便于报告使用者全面理解企业对经济、社会和环境的影响。

> 示例：
>
> 三元食品涵盖低温鲜奶、低温酸奶、常温高端奶、常温酸奶、常温乳饮料、奶粉、干酪及冰淇淋等系列产品。
>
> ——《三元食品2017企业社会责任报告》

P4.4 企业规模与影响力

【指标解读】：企业的规模应包括但不限于员工人数、运营地数量、净销售额或净收入等信息，影响力主要包括企业在行业中的地位等。

> 示例：
>
> - 营业收入601.56亿元，同比增长11.9%；
> - 净利润20.48亿元；
> - 首次进入全球乳业"TOP10"。
>
> ——《2017中国蒙牛乳业有限公司可持续发展报告（ESG报告）》

P4.5 报告期内关于组织规模、结构、所有权或供应链的重大变化

【指标解读】：企业组织规模、结构、所有权或供应链的重大变化会对企业社会责任的履行带来较大影响，应在报告中进行披露。

> 示例：
>
> 2017年是极不平凡的一年，这一年党的十九大胜利召开，描绘了决胜全面建成小康社会，夺取新时代中国特色社会主义伟大胜利的宏伟蓝图；这一年，北京首都农业集团有限公司（公司控股股东）、北京粮食集团有限责任公司和北京二商集团有限公司重组为北京首农食品集团有限公司开始启动，千亿食品大船扬帆启航。
>
> ——《三元食品2017企业社会责任报告》

二、责任管理（G 系列）

有效的责任管理是企业实现可持续发展的基石。企业应该推进企业社会责任管理体系的建设，并及时披露相关信息。责任管理包括愿景、战略、组织、制度、文化和参与（见图 4-2）。其中，愿景是社会责任管理的原点和初心，也是目标和归属；战略、组织、制度和文化是实现责任愿景的四大管理支柱；参与贯穿于社会责任管理的全流程。六种元素相互影响，相互促进，推动企业社会责任管理持续发展。

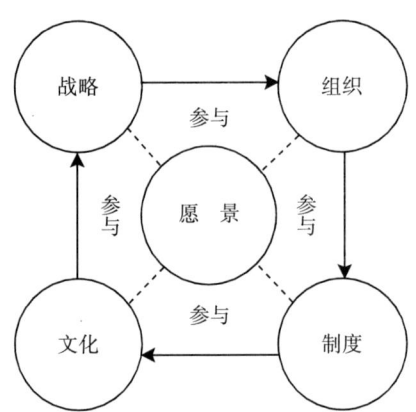

图 4-2　企业社会责任管理的要素模型

（一）愿景（G1）

G1.1　企业使命、愿景、价值观

【指标解读】：本指标描述企业运行的准则、期望达成的目标和核心企业文化。

示例：

企业文化：

愿景：以消费者为中心，成为创新引领的百年营养健康食品公司

使命：专注营养健康，每一天每一刻为更多人带来点滴幸福

核心价值观：诚信、创新、激情、开放

——《2017中国蒙牛乳业有限公司可持续发展报告（ESG报告）》

G1.2　企业社会责任理念或口号

【指标解读】：优秀的社会责任理念或口号不仅有利于企业责任文化的打造、责任品牌形象的传播，还赋予企业社会责任工作以主题和主线，统领企业社会责任管理与实践，是画龙点睛之笔。

> **示例：**
> 三元食品始终秉持"良心、爱心、责任心"的社会责任理念，持续推进社会责任工作开展，促进社会责任制度和实践的发展。
>
>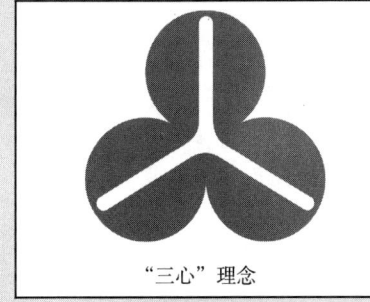
>
> | "三心"理念 | 三个圆形中间由一个人字连接，代表消费者、经销商及企业员工，象征着三元以人为本的企业文化，同时，人字将整个标志分割为三个心形花瓣，分别代表三元的"良心、爱心和责任心"，寓意用良心、爱心和责任心呵护消费者、经销商和企业员工，充分展现三元责任主张与内涵。 |

——《三元食品2017企业社会责任报告》

（二）战略（G2）

G2.1　实质性社会责任议题识别与管理

【指标解读】：本指标描述企业辨识社会责任核心议题的工具和流程，以及企业的核心社会责任议题包括的内容。企业辨识核心社会责任议题的方法和工具包括但不限于：利益相关方调查；高层领导访谈；行业背景分析；先进企业对标；等等。

> **示例：**
> 为提高责任实践的针对性和信息披露的回应性，中盐集团通过分析国内外社会责任主流标准、中国政府政策要求，并对行业标杆企业进行对标，结

合中盐发展战略和规划，梳理出社会责任议题池，开展社会责任实质性议题问卷调查，分析比较不同社会责任议题对相关方的影响和对公司自身发展的重要性，识别实质性议题。

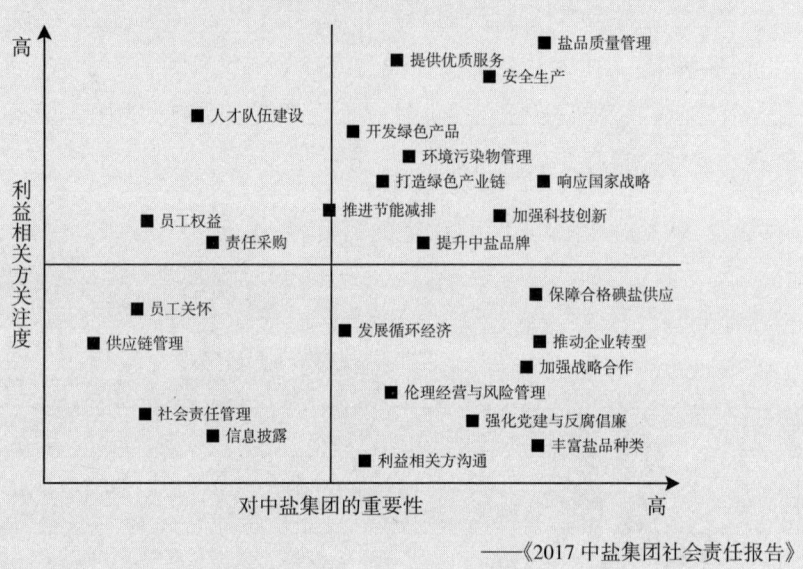

——《2017中盐集团社会责任报告》

G2.2 社会责任战略规划与年度计划

【指标解读】：社会责任规划是企业社会责任工作的有效指引。本指标主要描述企业社会责任工作总体目标、阶段性目标、保障措施等。

示例：

承接国资委对中央企业履行社会责任的要求，结合华润多元化经营的特点及社会责任履责实际，集团立足战略高度全面部署了"十三五"期间的社会责任工作，出台了《"十三五"社会责任规划》（以下简称《规划》），《规划》成为近五年指导全集团社会责任工作开展的纲领性文件；集团还新修订了《华润集团社会责任工作管理办法》，拟定了华润集团《社会责任工作手册》，对《规划》进行了细化，对社会责任的组织保障、规划推动、指标体系、检查考核、绩效评估、沟通传播、经费保障等问题进行了规范，明确了工作推进路径。

——《华润（集团）有限公司2017社会责任报告》

G2.3 推动社会责任融入企业发展战略与日常经营

【指标解读】：融入发展战略即企业在制定发展战略、实施重大决策时，全面分析对社会和环境的影响，识别、跟踪可能存在的风险和隐患，提前谋划、及时应对的措施和过程。融入日常经营即企业将社会责任理念全面融入企业研发、采购、生产、销售等全过程，融入财务管理、人力资源管理、风险管理等各职能体系，对相关环节和流程进行优化，实现全方位全过程融合的措施。

示例：

蒙牛主动对标联合国 2030 年可持续发展目标（SDGs），将 SDGs 的要求贯彻到战略制定和运营管理中。以打造世界一流乳制品企业为目标，以"营养健康、成长共赢、环境友好、扶贫攻坚"为主线，努力贡献全球可持续发展目标的实现，做可持续发展的典范。

——《2017 中国蒙牛乳业有限公司可持续发展报告（ESG 报告）》

G2.4 塑造有影响、可持续的责任品牌

【指标解读】：本指标描述企业在打造责任品牌方面的相关考量、计划、实践和成效。

示例：

近年来，集团结合业务发展，开展了一系列品牌公益活动，以推动公益项目管理的集团化运作和品牌化发展。集团在新农村建设方面的"华润希望小镇"，以及在定点扶贫方面的"海原模式"，既能充分发挥集团多元化的资源优势，又很好地契合了脱贫攻坚的国家战略，大大增强了集团品牌的美誉度和社会影响力，已经成为了集团履行社会责任的核心品牌。

——《2017 中国蒙牛乳业有限公司可持续发展报告（ESG 报告）》

（三）组织（G3）

G3.1 企业高层支持和推动社会责任工作

【指标解读】：社会责任是"一把手工程"，企业高层的支持和推动是企业社会责任发展的重要保证。企业高层领导支持、推动社会责任的方式包括但不限

于：在企业社会责任领导机构中担任主要职务；定期听取企业社会责任工作汇报；参与企业社会责任重大活动；为企业社会责任重大项目实施资源整合；等等。

> **示例：**
> 健全可持续发展委员会，主任由公司总裁担任，副主任由各部门负责人担任。可持续发展委员会的各项工作和日常事务由蒙牛集团事务部负责贯彻落实，设置营养健康、成长共赢、环境友好、扶贫攻坚四个行动小组。
> 可持续发展委员会负责明确公司可持续发展战略发展方向，督促可持续发展工作开展；系统识别公司及价值链对全球可持续发展目标的影响，明确公司可持续发展管理的优先议题。可持续发展行动小组负责推进落实年度可持续发展项目，协调可持续发展体系的建设与实施，管理可持续发展相关信息，营造可持续发展文化氛围。
> 公司可持续发展报告编制由公司总裁负责，各单位、部门负责人对报告相关资料的披露管理负责。
>
> ——《2017中国蒙牛乳业有限公司可持续发展报告（ESG报告）》

G3.2　社会责任领导机构及工作机制

【指标解读】：本指标描述由企业高层领导（通常是企业总裁、总经理等高管）直接负责的、位于企业委员会层面最高的决策、领导、推进机构，例如社会责任委员会、可持续发展委员会、企业公民委员会等；描述其开展工作的相关管理制度、流程和方式等。

G3.3　社会责任组织体系及职责分工

【指标解读】：社会责任组织体系分为以下两方面内容：①明确或建立企业社会责任工作的责任部门；②企业社会责任工作部门的人员配置情况。

一般而言，社会责任组织体系包括以下三个层面：

● 决策层，主要由公司高层领导组成，负责公司社会责任相关重大事项的审议和决策；

● 组织层，公司社会责任工作的归口管理部门，主要负责社会责任相关规划、计划和项目的组织推进；

● 执行层，主要负责社会责任相关规划、计划和项目的落实执行。

由于社会责任实践由公司内部各部门具体执行，因此，企业应披露各部门的社会责任职责与分工。

> **示例:**
>
> 集团社会责任工作领导小组负责领导和推进公司社会责任战略;办公厅负责社会责任工作的协调、统筹和日常管理;各职能部门与所属企业设置专职、兼职社会责任岗位,建立社会责任联络员制度,接受集团履行社会责任的指导和考核评价。
>
>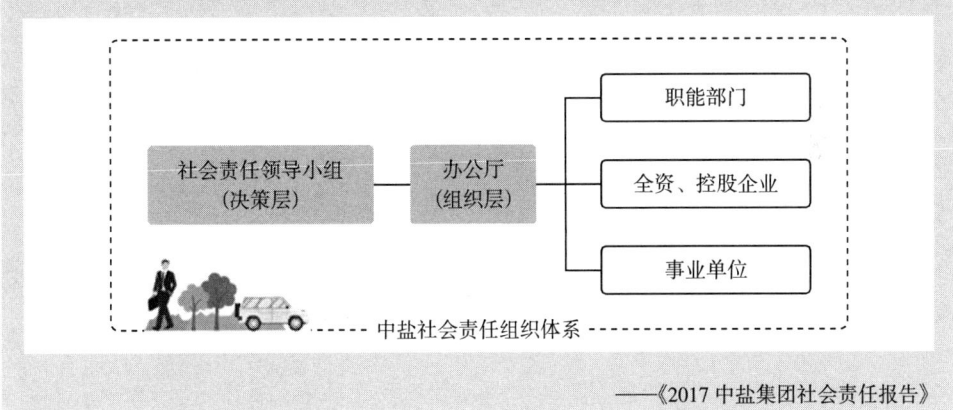
>
> ——《2017 中盐集团社会责任报告》

(四) 制度(G4)

G4.1 制定社会责任管理制度

【指标解读】:社会责任工作的开展落实需要有力的制度保证。企业社会责任制度包括社会责任沟通制度、信息统计制度、社会责任报告的编写发布制度等。

> **示例:**
>
> 华润在推进社会责任管理的过程中,十分重视社会责任管理制度的建设,通过建立健全制度规范,促进公司社会责任推进工作的制度化和常态化,形成较为完善的社会责任制度体系,以促进集团对各业务单元的有效管理。
>
> 主要制度:

制度分类	主要制度
基础管理制度	华润社会责任工作管理办法、社会责任工作手册、华润慈善公益活动管理办法、华润企业公民建设指引、华润 EHS（环境、健康、安全）管理体系建设指引
责任落实和考评制度	华润社会责任管理关键绩效体系、华润社会责任关键绩效统计指标
信息披露制度	华润重大信息报告制度、华润媒体宣传工作制度
利益相关方管理制度	华润人力资源政策、签订雇佣合同问题的规定、华润经理人守则、华润招聘指引、华润建立和完善职工代表大会制度的实施办法、华润客户满意度调查工作指引
其他制度	华润规章制度管理办法、华润企业文化建设工作指引、华润建立廉洁诚信体系实施办法

——《华润（集团）有限公司 2017 社会责任报告》

G4.2 构建社会责任指标体系

【指标解读】：本指标主要描述企业社会责任评价指标体系的构建过程和主要指标。建立社会责任指标体系有助于企业监控社会责任的运行状况。

示例：

构建社会责任指标体系制度：华润参照和借鉴国务院国资委《关于中央企业履行社会责任的指导意见》、中国社科院《中国企业社会责任报告指南(CASS–CSR4.0)》、全球报告倡议组织《GRI 可持续发展报告指南（G4 版）》等，借鉴国际国内先进的可持续发展理念，结合华润的业务实际，形成一整套系统覆盖企业内部能力、利益相关方关系和外部发展环境的社会责任管理指标体系。完善后的社会责任管理关键绩效体系包括责任管理、经济责任、员工责任、客户责任、伙伴责任、公共责任、环境责任七大责任领域，涉及 32 个重点议题共 119 项关键绩效指标，为华润建立全方位的社会责任管理指引，并在经营业绩考核评价体系之外，为企业更加全面和长期地衡量企业发展水平提供了科学的评估工具。

——《华润（集团）有限公司 2017 社会责任报告》

G4.3 丰富社会责任理论研究

【指标解读】：由于社会责任是新兴课题，企业应根据社会责任理论与实践的需要自行开展社会责任调研课题或参加国内外社会责任标准的制定，把握行业现状和企业自身情况，以改善企业社会责任管理，优化企业社会责任实践。

示例：

由公司市场管理部牵头成立社会责任编制小组，各业务部门结合职能定位全面参与并积极推进社会责任报告编制工作。同时支持《中国企业社会责任报告指南（CASS-CSR4.0）之一般框架》的研究与发布，推动社会责任管理工作理论和实践相结合，实现上下联动的社会责任工作机制。

——《三元食品2017企业社会责任报告》

（五）文化（G5）

G5.1　组织开展社会责任培训

【指标解读】：企业通过组织、实施社会责任培训计划，提升管理层人员和员工的社会责任理念，使企业及个人成为社会责任理念的传播者和实践者。

示例：

公司高度重视责任能力建设，加强社会责任专项培训，提高各级领导干部、专业人员和全体员工的社会责任意识、工作能力和业务水平。集团公司将所属企业履行社会责任工作作为年度常规工作开展效果评价，将所属企业的优秀案例纳入集团公司社会责任报告案例资料库，在每年年底召开的宣传工作会议上对入选的企业进行表彰，对优秀通讯站颁发证书。

——《2017中盐集团社会责任报告》

G5.2　开展社会责任考核或评优

【指标解读】：本指标主要描述企业运用社会责任评价指标体系，对履行企业社会责任的绩效进行评价的制度、过程和结果；或对企业内部的社会责任优秀单位、优秀个人、优秀实践进行评选的相关制度、措施及结果。

示例：

建立有效的社会责任考核评价方式。集团层面，一方面，参照中国社科院出台的社会责任报告五星评级标准，对下属各利润中心社会责任报告编制情况进行系统评价，并在年度社会责任大会上公开评价结果，发现问题，提出建议，督促落实；另一方面，对下属各利润中心社会责任实践开展情况进行考核评价，制定社会责任评价奖励办法，通过评选"社会责任奖"、社会责任先进个人等方式，鼓励先进，示范引领。

——《华润（集团）有限公司2017社会责任报告》

（六）参与（G6）

G6.1 识别和回应利益相关方诉求

【指标解读】：本指标包含两个方面的内容：

● 对利益相关方的需求及期望进行调查；

● 阐述各利益相关方对企业的期望以及企业对利益相关方期望进行回应的措施。

示例：

利益相关方	关注议题	携手共创	沟通与回应渠道
股东与投资者	防范经营风险 资产保值增值 开拓新市场与新机会 投资回报稳健增长	希望蒙牛可以健康持续地发展，创造更大的价值	企业年报和公告 路演 专项会议 投资者关系网站
政府与监督机构	合规运营 依法纳税 贡献地方经济发展	希望蒙牛能够起到引领示范作用，为推动乳制品行业发展贡献力量	监管考核 主动纳税 专项会议
消费者	完善的客户服务 畅通的沟通渠道 多元化的产品选择	希望在更便捷地购买到所需要产品的同时，获得更舒心的服务感受和愉快的购物体验	企业微博 企业微信 透明工厂 互动活动
供应商	公开、公平、公正采购 诚实守信 信息保密	希望自己在未来的养牛之路上越来越先进、越来越专业，为中国的养牛事业贡献自己的一分力量	供应商大会 供应商帮扶

续表

利益相关方	关注议题	携手共创	沟通与回应渠道
经销商	互利共赢 共同成长	希望能够得到蒙牛的支持和帮助,与蒙牛形成更"铁"的关系,实现与蒙牛的共赢	经销商大会 经销商满意度调查 决策管理委员会 客户沟通平台
环境	环境保护 节能减排	希望蒙牛可以有效利用资源,实现节能减排,成为践行生态保护的"绿色使者",并将绿色生态的理念带给每一位消费者	污水在线监测平台 网络微博
员工	职业健康 工资与福利保障 搭建成长平台 工作与生活平衡	希望在快乐、和谐的氛围中,体面地工作,持续获得工作的幸福感	管理者信箱 职工代表大会 培训交流
社区	促进就业 当地经济发展 助力脱贫攻坚	希望蒙牛可以发挥大型乳企的影响力和带动力,带动更多的人参与到社区的建设和发展中来,共建幸福美好生活	提供就业岗位 拉动地方相关产业发展 改善当地基础设施建设 扶贫攻坚 公益慈善

——《2017 中国蒙牛乳业有限公司可持续发展报告(ESG 报告)》

G6.2 企业主导的社会责任沟通参与活动

【指标解读】:本指标描述企业主导的社会责任内外部沟通机制。内部机制包括但不限于:内部社会责任刊物,网站建立社会责任专栏,社会责任知识交流大会,CSR 内网等;外部机制包括但不限于:召开及参加利益相关方交流会议,工厂开放日等。

示例:

三元高度重视利益相关方沟通,积极畅通与利益相关方的沟通渠道,通过企业微博、官方网站等途径,向利益相关方传递社会责任理念。同时,公司还将利益相关方的意见和建议转化为公司的行动和目标,促进公司可持续发展。

——《三元食品 2017 企业社会责任报告》

G6.3 机构参与或支持的外界发起的经济、环境、社会公约、原则或其他倡议

【指标解读】：本指标描述企业参与或支持外界发起的经济、环境、社会类的公约、原则或倡议。

> **示例：**
>
> 结合自身可持续发展管理和实践经验，作为标准研制副组长单位（由中国乳制品工业协会任命），与中国乳制品工业协会、中国标准化研究院等共同实施《乳制品工业企业社会责任实施指南》国家标准的研制。将自身社会责任典型实践和经验融入国家标准，推动行业可持续发展。
>
> ——《2017中国蒙牛乳业有限公司可持续发展报告（ESG报告）》

三、本质责任（F系列）

（一）确保食品质量与安全（F1）

F1.1 对供应商进行原材料安全卫生控制

【指标解读】：本指标主要描述企业对供应商提供的原材料进行卫生安全检查与质量控制的政策与措施。

> **示例：**
>
> 三元始终将"产品生产源头"的把控作为供应商管理工作的重中之重，并建立供应商质量管理评价专家库，依据《供应商文件准入评价标准》《供应商现场评价标准》等文件对供应商文件准入评价、供应商现场评价等内容进行评估；制定合格供应商《年度评价表》，划分供应商等级，对高风险等级的供应商，引入两方审核的管理方式，委托权威专业的第三方认证机构开展监督审核，提升供应商质量管理水平。
>
> ——《三元食品2017企业社会责任报告》

第四章 报告指标详解

F1.2 食品安全管理体系

【指标解读】：本指标主要描述企业在食品质量安全保障、质量改进等方面的政策与措施。

> **示例：**
>
> 全集团、全产业链、全面落实《中华人民共和国食品安全法》，建立食品安全风险管理体系，从源头到过程再到终端实施全产业链风险管理。推行ISO9001质量管理体系、FSSC22000食品安全体系、ISO14001环境管理体系、OHSAS18001职业健康安全管理体系，健全质量管理流程，实现质量体系产供销一体化运行。
>
> ——《2017中国蒙牛乳业有限公司可持续发展报告（ESG报告）》

F1.3 食品安全事故应急机制

【指标解读】：本指标主要描述企业在建立食品安全事故的应急管理组织、规范应急处理流程、制定应急预案、开展应急演练等方面的制度和措施。

> **示例：**
>
> 对标达能FSI（食品安全标准），由工厂全要素成熟度评估转变为聚焦食品安全项目重点审核，深度挖掘核心重点模块，关注食品安全管理高风险点，推动食品安全管理指数提升。
>
> ——《2017中国蒙牛乳业有限公司可持续发展报告（ESG报告）》

F1.4 食品安全风险控制

【指标解读】：本指标主要描述企业在风险识别、风险应对方面的制度和措施。

> **示例：**
>
> 建立"集团—事业部—工厂"三级食品安全风险监测预防体系，实现从源头到终端质量指标的监测、分析与预防管理。
>
> ——《2017中国蒙牛乳业有限公司可持续发展报告（ESG报告）》

F1.5　食品安全生产关键节点控制

【指标解读】：本指标主要描述食品企业在食品生产过程中是否引入 HAPPC、GMP 等质量控制手段以保证食品的质量安全。

> 示例：
>
> 三元始终把产品质量放在第一位，建立多层级的生产监管制度体系，从生鲜乳的验收、贮存、杀菌、灌装到成品入库、乳品加工的每道工序都会取样检测，实现全程公开透明，保障产品质量安全。公司已通过 ISO9001、HACCP、ISO14001、GB/T28001、诚信管理体系认证以及良好生产规范（GMP）认证，部分产品通过有机食品、绿色食品、清真 HALAL 食品等认证，持续提升乳制品质量安全水平。2017 年，三元产品检测合格率为 100%，产品市场监督抽查合格率为 100%，公司抽检合格率为 100%。
>
> ——《三元食品 2017 企业社会责任报告》

F1.6　食品召回/问题食品处理制度

【指标解读】：本指标描述企业制定问题食品处理制度等应急机制，当突然发生食品安全问题时能够及时处理，紧急召回，最大限度地减少食品安全事故的危害，保障消费者身体健康与生命安全。

> 示例：
>
> 建立有效回收制度，根据过期产品的性状分类，对性状明显变化、没有利用价值的过期产品进行销毁；将可回收利用的过期产品，交给有资质的企业如饲料加工企业等第三方，由第三方加工成为饲料。
>
> ——《2017 中国蒙牛乳业有限公司可持续发展报告（ESG 报告）》

F1.7　冷链运输

【指标解读】：本指标主要是指在运输全过程中，无论是装卸搬运、变更运输方式、更换包装设备等环节，都使所运输货物始终保持一定温度的运输。

> 示例：
>
> 储运：
> - 根据不同乳品对贮存条件的要求，设立贮存分区。
> - 低温冷链运输，在 2℃~6℃最理想的储存温度下储运。
> - GPS 精准规划，尽量缩减运输时间，保证乳品新鲜度。
> - 与顺丰在冷链物流方面开展深度合作，推行冷链运输全程温度可视化监控。
>
> ——《2017 中国蒙牛乳业有限公司可持续发展报告（ESG 报告）》

F1.8 建立食品可追溯系统

【指标解读】：本指标是指食品行业建立可追溯系统，以方便消费者通过追溯系统对整个生产过程进行溯源，进而保障食品质量的安全可靠。

> 示例：
>
> 与京东共同搭建溯源防伪平台，通过联盟链的方式，实现线上线下零售的乳制品追溯与防伪。用户在京东购物后，只需打开京东 APP，找到订单，点击"一键溯源"或直接扫描产品上的溯源码，就可以获得溯源信息，更有效地保护蒙牛品牌和消费者的权益，帮助消费者持续提升在京东购买蒙牛产品的体验。
>
> ——《2017 中国蒙牛乳业有限公司可持续发展报告（ESG 报告）》

（二）食品研发与创新（F2）

F2.1 坚持创新驱动

【指标解读】：本指标主要指在企业内部建立鼓励创新的制度，形成鼓励创新的文化，用创新支撑和促进企业发展。

> 示例：
>
> 三元实施创新驱动发展战略，发挥自身优势，不断提升自主创新能力，持续加大科研投入，为振兴民族乳业和国人健康贡献力量。公司先后与各重

点高校联合培养博士研究生 3 名、硕士研究生 38 名、博士后 8 名。

——《三元食品 2017 企业社会责任报告》

F2.2 研发投入

【指标解读】：本指标主要描述在报告期内企业在科研或研发方面投入的资金总额。

示例：

2017 年，公司科研投入资金达 3461.24 万元。

——《三元食品 2017 企业社会责任报告》

F2.3 科研工作人员数量及比例

【指标解读】：科研工作人员指企业直接从事（或参与）科技活动以及专门从事科技活动管理和为科技活动提供直接服务的人员。累计从事科技活动的时间占制度工作时间 50%（不含）以下的人员不统计。

示例：

中盐集团持续培育壮大科技人才队伍，成立集团科学技术专家库，发挥高级人才集聚效应，为公司转型发展提供人才支撑。2017 年，公司拥有研发人员 1358 人，研发人员占员工总数的 4.9%。

——《2017 中盐集团社会责任报告》

F2.4 新增专利数

【指标解读】：本指标主要包含报告期内企业新增专利申请数和新增专利授权数。

示例：

指标	2015 年	2016 年	2017 年
新增授权发明专利数（个）	3	1	2

——《三元食品 2017 企业社会责任报告》

F2.5 重大创新奖项

【指标解读】：本指标主要指报告期内企业获得的关于产品和服务创新的重大奖项。

> **示例：**
> 2017 年，华润雪花啤酒主持完成包括"啤酒灌装质量定阀取样技术的研究及配套平台系统开发""糖浆紫外杀菌技术研究"等在内的多项技术开发与创新。目前，华润雪花啤酒共有国内商标 2166 个，国内专利总数 41 个，其中国内已授权专利数 21 个，已登记著作权 20 个。
> ——《华润雪花啤酒（中国）有限公司 2017 社会责任报告》

F2.6 科研成果产业化

【指标解读】：本指标描述对具有实用价值的科技成果所进行的后续试验、开发、应用、推广，直至形成新产品、新工艺、新材料，发展新产业等活动。

> **示例：**
> 中盐集团全年投入研发经费 3.86 亿元，抓好重大课题攻关，探索更高效的成果转化机制，将做好专利管理作为实现"国家盐业公司+优秀化工企业"目标的重要战略支撑，加强企业知识产权保护，提升专利质量，取得了显著成绩。2017 年，申请专利 185 项，同比增长 29.3%，申请国际专利 2 项，实现新突破；授权专利 58 项，其中兰太实业一项发明专利获得国家专利奖优秀奖。
> ——《2017 中盐集团社会责任报告》

F2.7 新研发产品质量安全评估

【指标解读】：本指标主要指食品企业在研发新产品之后、投放市场之前对产品进行安全评估。

> **示例：**
> 为保障产品品质和安全，三元采取具有企业特色的"品尝三道关"方

法，通过对生鲜乳、加工奶和成品奶进行品尝和检测，亲自品尝各环节的奶品，保障产品品质，为消费者提供更加放心的产品。

——《三元食品 2017 企业社会责任报告》

（三）食品营养与健康（F3）

F3.1 提供食品健康和营养解决方案

【指标解读】：本指标主要指企业在生产产品的过程中考虑解决某种健康或营养的问题，通过产品为消费者提供健康与营养解决方案。

> **示例：**
>
> 2017 年，三元发布最新一款适合中国儿童健康营养需求的奶酪产品——珍芯芝士。"珍芯芝士"是一款夸克风味奶酪，历时 4 年研发而成。作为一款专门为中国儿童精心研发设计的"真奶酪"，其特点是做到了五大不添加，即不添加增稠剂、不添加稳定剂、不添加甜味剂、不添加香精、不添加色素，拥有三倍营养，能够有效满足儿童健康需求。

——《三元食品 2017 企业社会责任报告》

F3.2 为特殊人员（老年人、孕妇、婴幼儿）提供特殊膳食

【指标解读】：本指标描述企业结合老年人、孕妇、婴幼儿等特殊群体的特点，专门研发或者提供特殊膳食为其提供健康保护。

> **示例：**
>
> 筹建中国母乳成分研究数据库，专注中国儿童营养膳食健康研究，以科技保障婴幼儿乳粉质量安全，铸就"中国好口碑"，践行"健康中国乳业"的崇高使命。

——《三元食品 2017 企业社会责任报告》

F3.3 营养知识普及和健康生活方式倡导

【指标解读】：对内鼓励和帮助员工建立健康的生活方式并由内到外快速推动公司向"营养、健康和幸福生活"迈进；对外参加社区活动，与消费者和当地的

机构及媒体建立伙伴关系,进行消费者营养健康知识的宣传和普及工作。

> **示例:**
> 中盐集团依托微信、微博等新媒体手段,密切与消费者沟通,加大食盐科普宣传力度,普及食盐安全知识,倡导"少吃盐 多用盐"健康理念,提高全社会食盐安全、健康意识,为实现"健康中国"迈出坚实的一步。
> ——《2017 中盐集团社会责任报告》

(四)食品标签与广告合规(F4)

F4.1 食品标签合规

【指标解读】:本指标描述食品标签必须符合相关法律的要求,如产品或者其包装上的标志必须真实,有产品质量检验合格证明。限期使用的产品,应在显著位置清晰地标明生产日期和安全使用期或者失效日期等。

> **示例:**
> 公司依据《中华人民共和国消费者权益保护法》《中华人民共和国广告法》等法律法规,保证标签、广告等信息的真实性;维护消费者知情权,严格保护消费者隐私等个人信息;积极应对消费者投诉,投诉处理完毕进行回访,切实维护消费者权益。
> ——《2017 中国蒙牛乳业有限公司可持续发展报告(ESG 报告)》

F4.2 严禁虚假或者引人误解的广告宣传

【指标解读】:企业保证产品或服务在宣传过程中的真实性的相关措施。

> **示例:**
> 中盐集团以品牌管理为核心,成立中盐品牌委员会,提出"先强素质,再树形象"的思路,构建品牌管理体系,完善产品品牌系列及母子品牌系列,规范品牌标识及宣传用语,加强品牌推广与维权,助推"中盐"品牌走向全国,将"中盐"品牌打造成老百姓信赖的国家级金字招牌。
> ——《2017 中盐集团社会责任报告》

四、市场绩效（M 系列）

市场绩效描述企业在市场经济中负责任的行为。企业的市场绩效责任可分为对自身健康发展的经济责任和对市场其他利益相关方（主要是客户和商业伙伴）的经济责任。如图 4-3 所示。

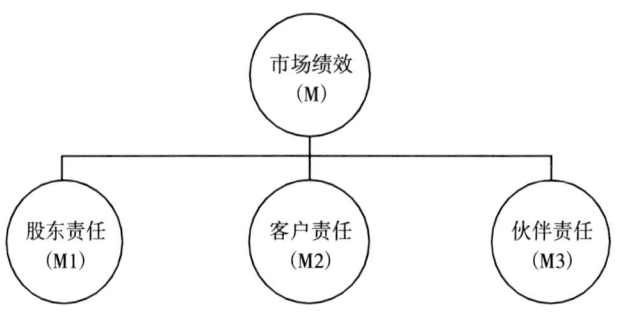

图 4-3 市场绩效包括的二级板块

（一）股东责任（M1）

M1.1 规范公司治理

【指标解读】：本指标主要描述公司的治理结构和治理机制。治理结构指公司"三会一层"及其构成，治理机制包括激励机制、监督与制衡机制等。

> **示例：**
>
> 为提升公司管理水平，保障股东利益，三元建立了以《公司章程》为核心的治理结构规章体系，形成了权力机构、决策机构、监督机构和管理层之间权责明确、运作规范、相互协调、相互制衡的完整议事、决策、授权、执行的公司治理体系。2017 年，公司共召开董事会会议 11 次、董事会专业委员会会议 9 次、监事会会议 6 次、股东大会 2 次。
>
> ——《三元食品 2017 企业社会责任报告》

M1.2 保护中小投资者利益

【指标解读】：本指标主要内容包括保证中小股东的知情权、席位、话语权以及自由转让股份权、异议小股东的退股权等。

> **示例：**
> 建立稳健高效的内控机制，持续强化内部监控与审计，有效防控经营风险，健全中小股东权益保护体系。
> ——《2017 中国蒙牛乳业有限公司可持续发展报告（ESG 报告）》

M1.3 合规信息披露

【指标解读】：及时准确地向股东披露企业信息是履行股东责任不可或缺的重要环节，这些信息包括企业的重大经营决策、财务绩效和企业从事的社会实践活动。

企业应根据《公司法》通过财务报表、公司报告等向股东提供信息。上市公司应根据《上市公司信息披露管理办法》向股东报告信息。

> **示例：**
> 三元严格遵循上市公司信息披露规则，完善信息披露体系和流程，通过公司年报、年度社会责任报告、官方网站等途径，向投资者披露公司经营信息，保障信息披露的透明性和准确性。
> ——《三元食品 2017 企业社会责任报告》

M1.4 反腐败

【指标解读】：本指标主要描述企业在反腐败和反商业贿赂方面的制度和措施等。

● 商业贿赂行为是不正当竞争行为的一种，是指经营者为销售或购买商品而采用财务或者其他手段，贿赂对方单位或者个人的行为。

● 商业腐败按对象可以划分为两种类型：一种是企业普通经营活动中的行贿受贿行为，即通常意义上的商业贿赂；另一种是经营主体为了赢得政府的交易机会或者获得某种经营上的垄断特权而向政府官员行贿。

示例：

制定企业内部《纪检监察管理制度》，各事业部通过《纪检监察管理制度》进行反腐败工作的预防以及惩处工作。坚守最严谨的标准、最严格的监管、最严厉的处罚、最严肃的问责"四个最严"，强化企业内部控制机制。

——《2017中国蒙牛乳业有限公司可持续发展报告（ESG报告）》

M1.5 成长性

【指标解读】：本指标即报告期内营业收入及增长率等与企业成长性相关的其他指标。

示例：

2016年，光明乳业实现营业总收入202.07亿元，同比上升4.30%；实现净利润6.75亿元，同比上升36.11%；实现归属于母公司所有者的净利润5.63亿元，同比上升34.63%。

——《光明乳业2016年度社会责任报告》

M1.6 收益性

【指标解读】：本指标即报告期内的净利润增长率、净资产收益率和每股收益等与企业经营收入相关的其他指标。

一般来说，利润总额指企业在报告期内实现的盈亏总额，来源于损益表中利润总额项的本年累计数；净利润指在利润总额中按规定缴纳了所得税后公司的利润留存，一般也称为税后利润或净收入；净资产收益率又称股东权益收益率，是净利润与平均股东权益的百分比，是公司税后利润以净资产得到的百分比。

示例：

绩效：

● 营业收入601.56亿元，同比增长11.9%。
● 净利润20.48亿元。
● 首次进入全球乳业"TOP10"。
● 牧场主大会累计开展230余场次，辐射近8000人次。

● 召开客户年会，与 7000 余名合作伙伴共同回顾 2017 年市场表现，沟通 2018 年经营活动策略。

——《2017 中国蒙牛乳业有限公司可持续发展报告（ESG 报告）》

M1.7 安全性

【指标解读】：本指标即报告期内的资产负债率等与企业财务安全相关的其他指标。

示例：

中盐集团以推进重点亏损企业"处僵治困"为突破口，以"压减"工作为硬任务，以提质增效为着力点，扎实推进瘦体健身工作，取得显著成效。

● 打好"处僵治困"攻坚战，截至 2017 年底，3 家"僵尸企业"已经全部完成处置任务，6 家特困企业有 4 家提前完成专项治理任务。

● 积极完成"压减"工作任务，截至 2017 年底，共减少法人企业 35 家，累计净减少法人企业 32 家，占法人总数的 11.11%，法人层级为 6 级的企业户数减少至 3 家，完成了"压减"阶段性任务。

● 扎实完成降杠杆减负债任务，2017 年公司负债率下降 2.69 个百分点，如期完成国资委下达的目标。

● 紧盯重点环节，着力提升降本增效水平，2017 年总部资金集中度同比提高 5%。

——《2017 中盐集团社会责任报告》

（二）客户责任（M2）

客户责任板块主要描述企业对客户的责任，包括生产优质产品，提供良好服务，促进科技创新，保护客户基本权益等内容。

M2.1 客户关系管理体系

【指标解读】：本指标是指以客户为中心，覆盖客户期望识别、客户需求回应以及客户意见反馈和改进的管理体系。

示例：

华润通不仅是集团打造的综合电商平台，更是集团基于互联网的客户经营与管理平台。2017 年，华润网络阶段性实现了"四通"的预设目标，年内完成了与万家（除苏果外）、置地、太平洋咖啡、燃气、医药零售、中艺、木棉花等单位会员系统的切换，实现了客户资源的打通。通过将各业务单元的原有积分统一为华润通积分体系，以及推出联名信用卡、拓展积分合作伙伴、加强线下联盟商户覆盖等方式，实现了消费积分在华润集团内外的通积通兑，使客户能够获取和兑现更多的权益，进一步强化了集团对各业务板块会员的管理。

——《华润（集团）有限公司 2017 社会责任报告》

M2.2　客户信息保护

【指标解读】：本指标主要描述企业保护客户信息安全的理念、制度、措施及绩效。企业不应以强迫或欺骗的方式获得任何有关客户及消费者个人隐私的信息；除法律或政府强制性要求外，企业在未得到客户及消费者许可之前，不得把已获得的客户及消费者私人信息提供给第三方（包括企业或个人）。

示例：

中盐集团高度重视客户声音，不断完善售后服务管理，积极应对客户投诉，加强客户信息保护。中盐上海制定客服中心对标管理细则，加强客户服务回访，第一时间处理客户投诉的问题，做好信息建档和问题跟踪督办，做到客户投诉有跟踪、有落实、有反馈。中盐淮安公司针对客户反映的小结块问题，积极沟通，加大科技投入，制定标准，通过有关部门的检查，确保客户满意。

——《2017 中盐集团社会责任报告》

M2.3　产品合格率

【指标解读】：产品合格率＝合格产品数/产品总数×100%。

> **示例：**
> 2017 年，三元产品检测合格率为 100%，产品市场监督抽查合格率为 100%，公司抽检合格率为 100%。
>
> ——《三元食品 2017 企业社会责任报告》

M2.4　售后服务体系

【指标解读】：本指标描述在产品出售以后所提供的各种服务活动。随着消费者维权意识的提高和消费观念的变化，消费者不再只关注产品本身，在同类产品的质量与性能都相似的情况下，更愿意选择拥有优质售后服务的公司。

> **示例：**
> 为提供优质和负责任的客户服务，三元制定并完善《售后服务热线管理规定及工作细则》《售后服务质量记录管理规定》《售后服务标准文明用语》等售后服务管理制度，成立客户服务中心，专门处理客户投诉和反馈，制定科学规范的客户投诉处理流程，提高接线员专业技能和素养，力求做到及时反馈、及时跟进、及时处理，为公司提升和改进管理提供参考依据。
>
> ——《三元食品 2017 企业社会责任报告》

M2.5　积极应对消费者投诉

【指标解读】：面对客户因对企业产品质量或服务不满意而提出的书面或口头上的异议、抗议、索赔和要求解决问题等行为所采取的措施。

> **示例：**
> 开通蒙牛官方微博、微信及全国服务热线，畅通消费者监督、反馈和投诉渠道。
>
> ——《2017 中国蒙牛乳业有限公司可持续发展报告（ESG 报告）》

M2.6　消费者投诉解决率

【指标解读】：本指标指解决投诉量与投诉总量之比。

示例：

华润置地开通总部升级投诉渠道，24 小时内响应业主，保证客户投诉渠道畅通。同时，及时响应满意度回访过程中的客户投诉，保证客户诉求百分之百得到合理解决。2017 年，华润置地全国商业项目共受理顾客投诉量 5194 件，投诉关闭率达 99.86%，平均投诉处理时长 13.5 小时，投诉处理满意度达 89.73%，全年未产生影响华润置地声誉的重大顾客投诉事件。

——《华润（集团）有限公司 2017 社会责任报告》

M2.7 客户满意度

【指标解读】：本指标包括企业进行的客户满意度调查和最终的调查结果。

示例：

中盐集团不断完善客户服务体系，拓宽客户服务沟通渠道，创新并改善服务，为客户提供满意服务。公司以保障老百姓民生用盐为己任，不断优化产品结构，提高供给质量和供给效率，在产品研发上积极创新，以适应市场化的新常态，同时加强合规宣传，采用更加灵活的方式参与竞争，提升客户满意度。2017 年，公司客户满意度达 99%。

——《2017 中盐集团社会责任报告》

（三）伙伴责任（M3）

M3.1 诚信经营

【指标解读】：本指标主要描述企业保障客户、供应商、经销商以及其他商业伙伴诚信的理念、制度和措施。

示例：

公司严格遵循公开、公平、公正和诚信原则，与供应商签订质量协议、避免商业贿赂协议等规范性文件，规范供应商行为，推动供应商积极履责。

——《三元食品 2017 企业社会责任报告》

M3.2 公平竞争

【指标解读】：公平竞争是指竞争者之间所进行的公开、公平、公正的竞争。它可以调动经营者的积极性,使社会资源得到合理的分配。

> **示例:**
> 公司重视供应链的协同发展,致力于打造责任供应链。遵循公开、公平、公正的采购原则,对供应商进行严格的资格审查,按照质量、环保标准筛选供应商。建立全生命周期管理体系,推动产业链上下游履行社会责任。
> ——《2017中国蒙牛乳业有限公司可持续发展报告(ESG报告)》

M3.3 战略共享机制和平台

【指标解读】：本指标主要描述企业与合作伙伴(商业和非商业的)建立的战略共享机制及平台,包括但不限于以下内容:长期的战略合作协议;共享的实验基地;共享的数据库;稳定的沟通交流平台;等等。

> **示例:**
> 三元利用自身优势资源,积极拓展全方位战略合作关系,不断优化国内产业布局。融入全球智慧,联手复星收购法国健康食品品牌St Hubert,丰富公司产品线,树立高端品牌形象,进一步增强市场竞争力,向"大健康产业"的发展战略迈出坚实一步。
> ——《三元食品2017企业社会责任报告》

M3.4 经济合同履约率

【指标解读】：该指标主要反映企业的管理水平和信用水平。经济合同履约率=截至考核期末实际履行合同份数/考核期应履行合同总份数×100%。

> **示例:**
>
> | 指标 | 2015年 | 2016年 | 2017年 |
> | --- | --- | --- | --- |
> | 经济合同履约率(%) | 100 | 100 | 100 |
>
> ——《2017中盐集团社会责任报告》

M3.5　尊重和保护知识产权

【指标解读】：本指标主要描述企业尊重和保护其他企业和个人就其智力劳动成果所依法享有的专有权或独占权。2017 年 4 月 24 日，最高法院首次发布《中国知识产权司法保护纲要》。

> **示例：**
>
> 严格遵守《中华人民共和国知识产权法》，积极进行技术创新，推进技术专利、产品专利申请。
>
> ——《2017 中国蒙牛乳业有限公司可持续发展报告（ESG 报告）》

M3.6　食品供应链管理

【指标解读】：本指标指食品企业对生产和流通过程中涉及将产品或服务提供给最终用户活动的上游企业与下游企业进行管理，保障食品的安全可靠。

> **示例：**
>
> 整合供应链资源，加强供应链系统集中管理，开展本地化采购与支持性采购。探索供应链全流程产品溯源，努力打造安全、绿色、高品质的责任供应链。
>
> ——《2017 中国蒙牛乳业有限公司可持续发展报告（ESG 报告）》

M3.7　食品供应商质量安全准入制度

【指标解读】：本指标指食品企业对原料供应商是否有系统完善的遴选和审核制度，如制定供应商分类管理制度，对供应商的食品安全与质量风险进行评估、分类和管理，制定清晰明确的供应商准入与审核程序等。

> **示例：**
>
> 三元不断完善供应商管理体系，制定供应商管理规范性文件，严格审查和准入制度，全面提升供应商能力建设，提高供应商质量，推动双方互利共赢。2017 年，公司共开展高风险供应商现场评审 38 家、工厂督查 100 余次、质量体系自查改进 300 余项，产品质量合格率均为 100%。
>
> ——《三元食品 2017 企业社会责任报告》

M3.8 食品供应商审核机制

【指标解读】：本指标主要描述企业对现有供应商进行表现考评及质量体系审核的相关制度或举措。

> **示例：**
> 三元始终将"产品生产源头"的把控作为供应商管理工作的重中之重，并建立供应商质量管理评价专家库，依据《供应商文件准入评价标准》《供应商现场评价标准》等文件对供应商文件准入评价、供应商现场评价等内容进行评估；制定合格供应商《年度评价表》，划分供应商等级，对高风险等级的供应商，引入两方审核的管理方式，委托权威专业的第三方认证机构开展监督审核，提升供应商质量管理水平。
> ——《三元食品 2017 企业社会责任报告》

M3.9 针对食品供应商的社会责任政策、倡议和要求

【指标解读】：本指标主要描述企业为推动供应商履行社会责任制定的理念、制度和措施。

> **示例：**
> 制订牧场主社会责任守则，倡导牧场主自愿签署遵守承诺书，提高牧场主责任意识和精细化管理能力。
> ——《2017 中国蒙牛乳业有限公司可持续发展报告（ESG 报告）》

M3.10 公司责任采购的制度及（或）方针

【指标解读】：一般情况下，公司责任采购程度由低到高可分为以下 3 个层次：

● 严格采购符合质量、环保、劳工标准，合规经营的公司的产品或（及）服务；

● 对供应商进行社会责任评估和调整；

● 通过培训等措施提升供应商履行社会责任的能力。

> **示例：**
> 公司严格遵循公开、公平、公正和诚信原则，与供应商签订质量协议、避免商业贿赂协议等规范性文件，规范供应商行为，推动供应商积极履责。
>
> ——《三元食品2017企业社会责任报告》

M3.11 保护农民利益的政策、措施

【指标解读】：本指标主要指企业制定切实保护农民利益的政策或措施，如积极吸纳当地农村剩余劳动力，以提高当地农民收入水平，并与当地农户保持长期稳定的合作关系。

> **示例：**
> 2017年，伊利支持牧场发展，带动近4万人从事奶牛养殖行业相关工作，有效解决社会人员就业问题。同时，牧场的奶牛养殖每年带动260多万亩青贮玉米的种植和销售，增加农户青贮玉米收益。
>
> ——《内蒙古伊利实业集团股份有限公司2017年度社会责任报告》

M3.12 助力行业发展

【指标解读】：本指标描述企业应利用其在价值链和行业中的影响力，发挥自身综合优势，制定与完善行业标准，创新与推广行业技术，构筑与拓展交流平台，引进与培养行业人才。

> **示例：**
> 伊利积极参与行业交流和标准制定等工作，如国民营养计划（2017~2030年）研讨会、《乳制品工业产业政策》制定、中国食品工业协会牵头的《预包装食品标签通则》修订等，为实现行业的繁荣发展贡献自己的力量。2017年，参与食品安全类国家标准修订37项，企业标准转化为地方标准5项，参与团体标准制定8项。
>
> ——《内蒙古伊利实业集团股份有限公司2017年度社会责任报告》

五、社会绩效（S系列）

社会绩效主要描述企业对社会责任的承担和贡献，主要包括政府责任、员工责任、安全生产和社区责任四个方面的内容（见图4-4）。政府责任是现阶段我国企业履行社会责任的重要内容之一，主要描述企业响应政府号召、对政府负责的理念、制度、措施和绩效。员工责任主要描述企业对员工负责、保障员工权益、助力员工成长的理念、制度、措施、绩效和典型案例；社区责任主要描述企业对社区的帮助和贡献。

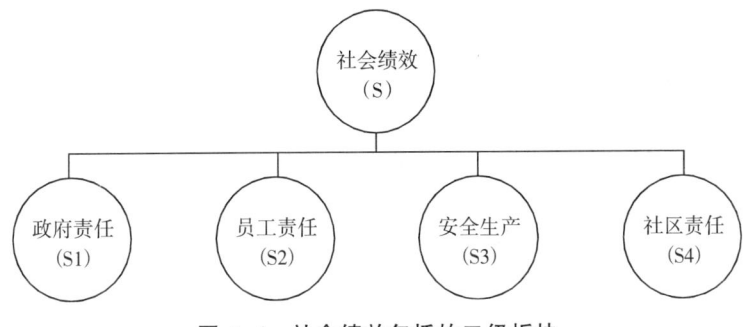

图4-4 社会绩效包括的二级板块

（一）政府责任（S1）

S1.1 企业守法合规体系建设

【指标解读】：本指标主要描述企业的法律合规体系，包括守法合规理念、组织体系建设、制度建设等。合规（Compliance）通常包括以下两层含义：①遵守法律、法规及监管规定；②遵守企业伦理和内部规章以及社会规范、诚信和道德行为准则等。"合规"首先应做到"守法"，"守法"是"合规"的基础。

示例:

指标	2015 年	2016 年	2017 年
守法合规培训覆盖率（%）	100	100	100

——《2017 中盐集团社会责任报告》

S1.2　守法合规培训

【指标解读】：本指标主要描述企业组织的守法合规培训活动，包括法律意识培训、行为合规培训、反腐败培训、反商业贿赂培训等。

示例:

　　三元严格遵守国家法律法规，健全合规管理制度，定期举办守法合规培训，提高员工法律意识；印发《北京三元食品股份有限公司纪检监察信访举报工作办法》等管理办法，规范并拓宽监督渠道和方式，保障合法运营；与供应商签订《避免商业贿赂的协议》，提高工作透明度，拒绝商业贿赂，共同推进反腐工作科学化和规范化。

——《三元食品 2017 企业社会责任报告》

S1.3　纳税总额

【指标解读】：本指标指企业在报告期内纳税的总额度。

示例:

指标	2015 年	2016 年	2016 年
纳税总额（亿元）	474.14	510.05	591

——《华润（集团）有限公司 2017 社会责任报告》

S1.4　响应国家政策

【指标解读】：响应国家政策是企业回应政府期望与诉求的基本要求。

> **示例：**
> 紧随国家"一带一路"倡议，利用国际国内两个市场、两种资源，深耕海外市场，开发东南亚地区市场。布局全球优质的奶源资源，开展全产业链的国际优质资源整合，以创新的力量打造可持续的品牌。
> ——《2017 中国蒙牛乳业有限公司可持续发展报告（ESG 报告）》

S1.5 带动就业

【指标解读】：促进经济发展与扩大就业相协调是社会和谐稳定的重要基础。根据《中华人民共和国促进就业法》，"国家鼓励各类企业在法律、法规规定范围内，通过兴办产业或拓展经营，增加就业岗位"，"国家鼓励企业增加就业岗位，扶持失业人员和残疾人就业"。

> **示例：**
> 2017 年，本集团持续吸纳残疾人就业，共招聘残疾员工 17 名，安排合理的工作内容，并每逢节假日向其发放慰问品。
> ——《雨润食品 2017 年环境、社会及管治报告》

S1.6 报告期内吸纳就业人数

【指标解读】：企业在报告期内吸纳的就业人员包括但不限于应届毕业生、社会招聘人员、军转复员人员、农民工、劳务工等。

> **示例：**
>
> | 指标 | 2015 年 | 2016 年 | 2017 年 |
> | --- | --- | --- | --- |
> | 报告期内吸纳就业人数（人） | 1316 | 1267 | 1280 |
>
> ——《2017 中盐集团社会责任报告》

（二）员工责任（S2）

员工责任主要包括员工基本权益保护、薪酬福利、职业健康、员工发展和员工关爱等内容。

S2.1 员工构成情况

【指标解读】：员工构成情况包括但不限于男女员工人数和比例、少数或其他种族员工人数和比例、残疾人雇佣人数和比例等。

> **示例：**
>
> 高层管理者中女性占比 13%。按性别划分：男性员工 24747 人，占比 60.15%；女性员工 16394 人，占比 39.85%。按年龄组别划分：30 岁以下（不含 30 岁）员工 16162 人、30~50 岁（含 30 岁、50 岁）员工 24374 人、50 岁以上（不含 50 岁）员工 605 人。
>
> ——《2017 中国蒙牛乳业有限公司可持续发展报告（ESG 报告）》

S2.2 劳动合同签订率

【指标解读】：本指标指报告期内企业员工中签订劳动合同的比率。

> **示例：**
>
> 中盐集团严格遵守《劳动法》等法律法规，完善薪酬福利体系，拓宽民主管理形式，依法保障员工权益。坚决反对歧视，坚持平等雇佣，禁止使用童工，禁止强迫劳动，保护休息休假权利，保护员工隐私，为建设"幸福中盐"奠定坚实基础。2017 年，公司劳动合同签订率、社会保险覆盖率均达到 100%。
>
> ——《2017 中盐集团社会责任报告》

S2.3 平等雇佣

【指标解读】：本指标主要指企业为保障平等雇佣制定的措施或制度。

> **示例：**
>
> 公司坚持公平公正的用工原则，严格遵守国家各项法律法规，制定并坚持完善员工招聘制度，在员工选拔过程中始终秉承公开、平等、竞争、择优的原则，根据不同岗位的不同需求为公司引进合适的人才。公司建立了招聘监督渠道，保证不因年龄、性别、民族、种族、婚姻状况、宗教信仰等区别

对待求职者或员工,并严禁雇用童工及强迫劳工。公司尊重并保护员工的个人信息,与所有员工均签订了劳动合同。

——《华润雪花啤酒(中国)有限公司2017社会责任报告》

S2.4 禁止使用童工

【指标解读】:为保护未成年人的身心健康,国务院令第364号公布了《禁止使用童工规定》,禁止用人单位招用不满16周岁的未成年人。

> 示例:
> 严格遵守劳动法等相关法律法规,坚决反对雇用童工、强制劳动等行为,拒绝一切形式的就业歧视。
>
> ——《2017中国蒙牛乳业有限公司可持续发展报告(ESG报告)》

S2.5 反强迫劳动和骚扰虐待

【指标解读】:强迫劳动指以限制人身自由方式强迫职工劳动;骚扰虐待指践踏员工的尊严,侵犯员工的合法权利,进行寻衅滋事等行为。

> 示例:
> 三元严格遵守国家劳动法相关法律法规,维护员工合法权益,公平对待不同国籍、种族、性别、年龄的员工,严禁用工歧视,杜绝使用童工,禁止一切形式的强迫劳动或强制活动。
>
> ——《三元食品2017企业社会责任报告》

S2.6 多元化和机会平等

【指标解读】:员工多元化关注的重点是,具有不同文化背景和不同需要的人,是否得到了符合他们能力的工作机会。

多元化可以分为表层多元化和深层多元化:

● 表层多元化是直观的表象,比如性别、高矮胖瘦、教育状态、收入状态和婚姻状态等都是表层的多元化;

● 深层的多元化是指员工的潜质、价值观和经历等,有些表层多元化容易改变，但深层多元化则不太容易改变。

> **示例：**
> 三元不断完善人才发展机制，搭建职工发展通道，设立管理职系、技术职系、销售营销职系、行政事务职系和生产职系5个职系，为员工提供平等晋升的机会和发展空间；明确不同类型员工的职位晋升与流动标准，依托绩效考核结果，定期执行员工的升降级制度，切实形成优胜劣汰的人员流动机制，激发员工潜能，提升工作业绩。
>
> ——《三元食品2017企业社会责任报告》

S2.7 薪酬与福利体系

【指标解读】：本指标须披露企业为员工制定的薪酬和福利体系。员工的福利是员工的间接报酬，包括但不限于为减轻员工生活负担和保证职工基本生活而设立的各种补贴、为职工生活方便而建设的集体福利设施、为活跃职工文化生活而建设的各种文化体育设施等。

> **示例：**
> 我们坚持男女平等、同工同酬，为员工提供具有竞争力的薪酬福利计划，所有职位工资起薪水平均不低于当地最低工资水平。每年，公司通过参加市场调查确保所提供的薪酬福利水平保持市场竞争力，并通过年度绩效沟通保证内部公平。同时，我们严格遵守法律，为员工提供各项社会保险和住房公积金等福利。
>
> ——《可口可乐中国2014~2016可持续发展报告》

S2.8 女性管理者比例

【指标解读】：本指标指女性管理者与管理者总数之比。管理者主要指中层以上人员。

> **示例：**
> 高层管理者中女性占比13%。按性别划分：男性员工24747人，占比

60.15%；女性员工 16394 人，占比 39.85%。

——《2017 中国蒙牛乳业有限公司可持续发展报告（ESG 报告）》

S2.9 员工满意度

【指标解读】：本指标主要描述企业开展员工满意度调查的过程以及员工满意度调查结果。

示例：

我们重视员工沟通和参与，定期通过员工调查等方式收集员工反馈：

● 可口可乐饮料（上海）有限公司：每年进行多样化的员工调查，并制定改进计划，员工参与度领先同类企业。

● 中粮可口可乐饮料有限公司：每年年底进行"员工敬业度、满意度"调查。员工参与率达 82%，员工整体敬业度 93.0%、满意度 93.1%。公司还专为基层员工设立了年度感动人物奖。

● 太古饮料控股有限公司：以问卷、访谈、工作坊等方式展开员工调查，并制定改进计划。厦门厂设立了"员工建议"激励方案，并评选"金点子"及给予奖励。

● 可口可乐装瓶投资集团中国公司：进行员工敬业度调研，覆盖 100% 员工，2014 年总成绩为 89 分（100 分满分），较 2012 年提高了 3 分。

● 可口可乐装瓶商管理服务（上海）有限公司：每两年进行一次员工满意度调查。东莞、佛山、南宁工厂每月进行员工圆桌座谈，收集员工的建议和意见，跟进改善并予以公示。

——《可口可乐中国 2014~2016 可持续发展报告》

S2.10 员工流失率

【指标解读】：员工年度流失率＝年度离职人员总数/(年初员工总数＋年度入职员工数)。

示例：

指标	2015 年	2016 年	2017 年
员工流失率（%）	11.10	9.06	12.1

——《三元食品 2017 企业社会责任报告》

S2.11　民主管理

【指标解读】：根据《公司法》《劳动法》《劳动合同法》等规定，企业民主管理方式主要有职工代表大会、厂务公开以及职工董事、职工监事等。此外，职工民主管理委员会、民主协商会、总经理信箱等也是民主管理的重要形式。

示例：

为保障员工的知情权、参与权、选择权和监督权，三元建立以职代会、党务厂务公开为代表的民主管理体系，鼓励员工积极参与公司管理和决策，在签订工资集体协议、职业病专项集体合同、女职工特殊权益保护专项集体合同等方面予以支持和指导，为员工表达利益需求提供畅通渠道，创建和谐三元。2017 年，员工参与工会比例为 100%。

——《三元食品 2017 企业社会责任报告》

S2.12　职业发展通道

【指标解读】：职业通道是指一个员工的职业发展计划。职业通道模式主要分三类：单通道模式、双通道模式、多通道模式。按职业性质又可分为管理类、技术类、研发类职业通道。

示例：

2017 年 10 月，华润集团制定并颁布了《专业任职资格标准手册》，并开展了总部专业级别评估工作，集团总部 71 名员工获得了专业级别的晋升，同时启动了华润集团专家评审工作，3 名员工分别获得了战略、法律、综合管理方面的专家荣誉。《专业任职资格标准手册》明确了员工发展通道和晋升标准，为员工有序提升和发展奠定了良好的基础。

——《华润（集团）有限公司 2017 社会责任报告》

S2.13 员工培训体系

【指标解读】：员工培训体系是指在企业内部建立系统的、与企业的发展以及员工个人成长相配套的培训管理体系、培训课程体系、培训师资体系以及培训实施体系。

示例：

秉承工匠精神、追求卓越品质，以匠心精神生产好牛奶，致力于培育"牛奶工匠"。完善人才培养体系，帮助各层级员工提升能力。2017年，人均培训时间 36.92 小时。

——《2017中国蒙牛乳业有限公司可持续发展报告（ESG报告）》

S2.14 员工培训绩效

【指标解读】：本指标包括人均培训投入、人均培训时间等培训绩效数据。

示例：

指标	2015年	2016年	2017年
员工培训时长（小时）	13778	18416	20392
员工培训人次（人次）	45377	45350	57307
员工培训投入（万元）	125.68	143.62	157.03

——《三元食品2017企业社会责任报告》

S2.15 员工食品安全培训

【指标解读】：本指标指公司为员工提供食品安全知识的培训，以提高企业员工对食品安全的了解和重视。

示例：

2017年4月、8月、10月，位于南京的生产基地开展生产性员工消防安全演练、质量管理、生产管理等相关培训，各生产车间、班组利用早会宣贯食品安全、产品技术、体系管理等知识。乐基参与培训及应急演练人数800余人，首次培训合格率95%以上，对培训不合格的员工进行再培训，经培训检验合格后方可上岗。

——《雨润食品 2017 年环境、社会及管治报告》

S2.16　工作环境和条件保障
【指标解读】：本指标主要描述职工在工作中的设施条件、工作环境、劳动强度和工作时间等。

> 示例：
> 三元积极推进职业健康安全管理，为员工提供安全、人性化的工作环境。严格遵守国家相关职业病防治法律法规，及时为职工发放劳动防护用品。
> ——《三元食品 2017 企业社会责任报告》

S2.17　职业健康管理
【指标解读】：本指标指企业针对员工职业健康的保障措施和绩效，包括正式员工年度体检的覆盖率和职业健康档案的覆盖率等。

> 示例：
> 建立健全职业健康与安全管理体系，为员工营造安全、舒适的工作环境。倡导健康生活方式，强化职业健康管理，密切关注员工身心健康。
> ——《2017 中国蒙牛乳业有限公司可持续发展报告（ESG 报告）》

S2.18　员工心理健康制度/措施
【指标解读】：员工心理健康是企业成功的必要因素，企业有责任营造和谐的氛围，帮助员工维持心理健康。

> 示例：
> 华润双鹤各级工会针对女性员工，组织开展了"遇见更好的自己"活动，举办"女性健康知识讲座"、心理课堂、插花艺术课等。总部还建立了女工哺乳室，配备了沙发、冰箱、消毒柜等相应设备，为女员工提供便利。
> ——《华润（集团）有限公司 2017 社会责任报告》

S2.19 困难员工帮扶

【指标解读】：本指标主要指企业在帮扶困难员工方面的政策措施以及资金投入。

> 示例：
> 实施十项员工"普惠工程"计划；看望生病员工及家属347次，慰问品、慰问金累计22.9万元；青啤员工"关爱基金"救助大病员工17人次，累计支出382941元，接受60多家单位员工捐款783257.74元。
> ——《青岛啤酒股份有限公司2017环境、社会及管治报告》

S2.20 特殊群体（孕妇、哺乳期妇女等）保护

【指标解读】：本指标主要指企业为孕妇、哺乳期妇女等特殊人群提供的保护设施、保护措施以及特殊福利待遇。

> 示例：
> 公司尤其注重对于女员工的身心健康保护，为女员工提供产假、哺乳假及设立妈咪小屋外，还关心女员工精神状态，在各区域为女员工组织观影聚餐、女性健康知识讲座等一系列活动。
> ——《华润雪花啤酒（中国）有限公司2017社会责任报告》

S2.21 生活工作平衡

【指标解读】：生活工作平衡，又称家庭工作平衡，是指企业帮助员工认识和正确看待家庭同工作间的关系，调和家庭和工作间的矛盾，缓解由于家庭工作关系失衡而给员工造成的压力。

> 示例：
> 集团高度关注员工的身体健康和业余生活，提倡高效工作和健康工作之间相互平衡、相互促进，通过设立各类体育协会、兴趣小组，丰富员工的"第九小时"，形成了一批有影响力、号召力的员工活动品牌。
> ——《华润（集团）有限公司2017社会责任报告》

(三) 安全生产（S3）

S3.1　安全生产管理体系

【指标解读】：本指标主要描述企业建立安全生产组织体系、制定和实施安全生产制度、采取有效防护措施，以确保员工安全的制度和措施。

示例：

三元始终秉承"以人为本、构建和谐企业"的安全发展理念，成立安全生产委员会，强化安全生产组织领导；建立健全安全管理制度，不断完善安全生产标准化体系建设；逐级签订《安全目标责任书》，将安全管理目标任务层层分解、细化，推动各方齐抓共管；落实安全生产"一岗双责"，实现全员参与安全管理体系；加大安全生产投入，提升企业安全生产综合保障能力。

——《三元食品2017企业社会责任报告》

S3.2　安全应急管理机制

【指标解读】：本指标主要描述企业在建立应急管理组织、规范应急处理流程、制定应急预案、开展应急演练等方面的制度和措施。

示例：

华润集团贯彻"预防为主、预防与应急相结合"的原则，各级企业在完善安全生产应急预案、处置方案的同时，组织开展应急演练，不断提升应急处置实际操作能力。2017年共开展应急演练29080次，参演1529195人次。

——《华润（集团）有限公司2017社会责任报告》

S3.3　安全教育与培训

【指标解读】：安全培训是指以提高安全监管检查人员、生产经营单位从业人员和从事安全生产工作的相关人员的安全素质为目的的教育培训活动。

示例：

为提供员工安全生产意识和安全操作技能，公司邀请专业机构和行业专家开展安全培训,普及安全知识;开展安全应急演练,提升应急救援水平,提高员工自我保护能力,保障公司运营安全平稳。2017年,公司共开展安全培训670次,累计32077人次参与。

——《2017中盐集团社会责任报告》

S3.4 安全培训绩效

【指标解读】:本指标主要包括安全培训覆盖面、培训次数等数据。

> 示例:
> 为增强员工突发事件处置能力,公司2017年共进行各类安全应急演练552次,共17165人次参与演练。通过日常训练、培训、技术竞赛、经验交流、模拟实战演习等多种形式提高救助能力,提升实战能力。
> ——《华润雪花啤酒(中国)有限公司2017社会责任报告》

S3.5 安全生产投入

【指标解读】:本指标主要包括劳动保护投入、安全措施投入、安全培训投入等方面的费用。

> 示例:
> 2017年,公司安全生产投入456.8万元,实现安全生产"零事故"。
> ——《三元食品2017企业社会责任报告》

(四) 社区责任(S4)

社区责任主要包括本地化运营、公益慈善、志愿服务和精准扶贫四个方面。

S4.1 社区沟通和参与机制

【指标解读】:企业需要建立与社区代表的定期沟通交流等机制,让社区代表参与项目开发、建设、运营等方面。在发展中听取社区居民的意见和诉求,让发展成效更多、更好地惠及社区居民。

示例：

我们将促进地区经济、文化、社会发展为己任，将推动教育发展、传递公益能量视为自身重要社会责任。主动融入当地社区，结合社区实际，制定行动计划方案，鼓励和支持员工投身于社区志愿服务，增进公共利益，推动社区发展。

——《2017中国蒙牛乳业有限公司可持续发展报告（ESG报告）》

S4.2　员工本地化政策

【指标解读】：员工本地化是指企业在运营过程中应优先雇用企业所在地劳动力。员工本地化最重要的是管理层（尤其是高级管理层）的本地化。

示例：

随着公司逐渐发展壮大，华润雪花的业务也遍布全国，深入各大省市。我们在扩大业务布局的过程中始终将本地社区发展作为重要考量，一直以来关注当地居民的就业情况，优先招聘本地居民，深入各大人才市场和高校为当地居民提供直接就业机会。同时，公司还向社会提供各类教育和专业技能培训的机会，有效提升了社区居民的职业技能，扩大了当地居民的就业发展路径。

——《华润雪花啤酒（中国）有限公司2017社会责任报告》

S4.3　本地化雇佣比例

【指标解读】：本指标主要指本地员工占运营所在地机构员工的比例。

示例：

伊藤坚持"人才本土化"理念，网罗当地人才，强化对本土人才尤其是高级管理人才的培养，充分发挥本土人才的优势。除派遣员工外，均实施本地化招聘。2017年，眉山店开业，519名员工中，本地户籍员工共346人，本地员工比例为67%。

——《伊藤洋华堂2016年社会责任报告》

S4.4 本地化采购政策

【指标解读】：本指标指企业在运营过程中应优先采购运营所在地供应商商品。

> **示例：**
>
> 我们从2016年开始推动"成都造"项目，实现与四川相对贫困地区的农超对接，由当地农户将他们种植的产品直接提供给伊藤洋华堂。一方面，产品利润能让当地农户变得更富裕；另一方面，我们希望能通过将产品属地化，逐渐形成产地优势，从而改变该地区人民的生活。
>
> ——《伊藤洋华堂2016年社会责任报告》

S4.5 企业公益方针或主要公益领域

【指标解读】：本指标主要指企业的社会公益政策以及主要的公益实践领域。

> **示例：**
>
> 华润集团的主要公益领域包括赈灾济难、扶助贫困、促进教育、保护环境，以及结合自身业务发展需要开展的其他慈善公益活动。2017年，集团重点开展了以下两个方面的扶贫工作：一是到革命老区、贫困乡村开展华润希望小镇项目建设；二是落实国务院下达的定点扶贫任务，在宁夏海原、江西广昌两个定点扶贫县开展脱贫攻坚工作。
>
> 集团出台并更新了《华润集团慈善公益活动管理办法》，旨在统一指导和统筹管理集团下属各单位合理合规有效开展各项慈善公益活动。
>
> ——《华润（集团）有限公司2017社会责任报告》

S4.6 捐赠总额

【指标解读】：本指标主要指企业年度资金捐助以及年度物资捐助总额。

> **示例：**
>
> 2017年，集团公司公益捐赠总额达728.1万元，志愿者参与3864人次。
>
> ——《2017中盐集团社会责任报告》

S4.7 企业支持志愿者活动的政策、措施

【指标解读】：志愿服务指不以获得报酬为目的，自愿奉献时间、智力、体力、技能等，帮助其他人、服务社会的公益行为。

> **示例：**
>
> 蒙牛积极组织员工开展无偿献血活动，奉献爱心。从 2007 年在和林格尔生产基地成立第一支应急献血队，到 2017 年，组织"为爱撸袖"蒙牛志愿者义务献血活动，10 年时间，蒙牛已在全集团 30 多个工厂开展献血活动 100 多次，参加献血人员达 4000 多人次，累计献血近 140 万毫升。荣获"全国无偿献血促进奖""呼和浩特市优秀志愿者服务队"等荣誉称号。
>
> ——《2017 中国蒙牛乳业有限公司可持续发展报告（ESG 报告）》

S4.8 员工志愿者活动绩效

【指标解读】：本指标主要指志愿者活动的时间、人次等数据。其中，志愿者服务时间是指志愿者实际提供志愿服务的时间，以小时为计量单位，不包括往返交通时间。

> **示例：**
>
> 中盐集团深耕公益事业，鼓励员工持续开展志愿服务，关爱社会弱势群体，参与自然灾害救助，积极支援农村发展，营造和谐社区。2017 年，公司公益捐赠总额达 728.1 万元，志愿者参与 3864 人次。
>
> ——《2017 中盐集团社会责任报告》

S4.9 社区营养知识普及

【指标解读】：本指标主要指企业通过丰富多样的宣传形式走进社区宣传和普及食品营养健康知识。

> **示例：**
>
> 策划开展"特色课堂""营养知识伴我行"等各种行动，深入普及健康营养的重要性，增强学生们健康饮食和培养健康生活习惯的意识。
>
> ——《2017 中国蒙牛乳业有限公司可持续发展报告（ESG 报告）》

S4.10 支持可持续农业发展的政策、措施

【指标解读】：本指标指企业通过管理、保护和持续利用自然资源，调整农作制度和技术，不断满足当代人类对农产品的数量和质量的需求，既不损害后代利益，又能维护和合理利用土地、水和动植物资源，实现农业可持续发展。

> **示例：**
> 建立贮粪场、粪污处理设施、粪便无害化处理回收利用系统，实施固液分离，分离后的牛粪用于农田或垫料，并在每个牧场配供粪便处理使用的专用土地、隔离区，确保当地生态环境与牧场之间的平衡。
> ——《光明乳业2016年度社会责任报告》

S4.11 带动地方经济发展

【指标解读】：本指标指企业在推动自身发展的同时，带动和辐射周边地区经济社会的发展。

> **示例：**
> 蒙牛积极探索带动地方经济发展的新思路新方法。通过与武强县政府、中国农业银行衡水分行签订"政银企"合作协议，建立蒙牛集团（衡水）高端奶暨现代牧场项目，采取"农行让利、政府贴息、企业反哺"形式，让贫困户参与到企业经营中来，享受定期分红，有效结合扶贫工作与现代农业。2017年，全县成规模奶牛养殖企业已达到19家，奶牛存栏2.3万头，带动5000余贫困人口在产业链中受益。
> ——《2017中国蒙牛乳业有限公司可持续发展报告（ESG报告）》

S4.12 助力精准扶贫

【指标解读】：消除贫困是全人类的共同理想，也是当今时代的重要主题。"坚决打赢脱贫攻坚战"和"让贫困人口和贫困地区同全国一道进入全面小康社会"是党和政府的庄严承诺。企业应发挥自身资金、管理、技术、人才全方位优势，为扶贫事业贡献力量。

示例：

三元积极落实国家精准扶贫号召，发挥行业优势。在河南、海南、贵州、河北、湖北等地为数万名青少年捐赠学生奶和奶粉；联合河南省新乡市开展教育精准扶贫"春雨行动"暨新乡市教育基金"三元学生饮用奶"捐赠活动，惠及濮阳、新乡、原阳、封丘等学校；为海南琼州中学女足队赞助日常饮用奶。2017年，三元在河北、湖北、广西等省区的12个县（市）持续开展"精准健康扶贫"活动。

——《三元食品2017企业社会责任报告》

S4.13 扶贫专项资金投入

【指标解读】：本指标指企业应披露报告期内投入开展扶贫活动的专项资金总额。

示例：

中盐集团深入贯彻落实国家脱贫攻坚政策，持续在陕西省宜川、定边两县开展定点扶贫工作，结合扶贫地资源特色，探索扶贫开发长效机制，在人才、技术、资金等方面加大投入，重点抓好产业扶贫、教育扶贫、基础设施建设工作，提高扶贫地区可持续发展能力。2017年，公司投入扶贫资金714万余元。

——《2017中盐集团社会责任报告》

S4.14 脱贫人口数量

【指标解读】：本指标指通过企业帮扶和地区自身发展而摆脱贫困的人口数量。

示例：

蒙牛坚持"授人以渔"的可持续发展扶贫之路，利用互联网和信息化，创新开发"牛人说"牧业知识分享平台，在微信服务号上设置入口。养牛人只需使用智能手机，就可以随时随地通过图文、语音等多种形式向顶级牧业专家提问，甚至接受多名专家"会诊"。"牛人说"上线一年多的时间，已经累计完成2000多组问答，累计服务养牛人20多万人次。"牛人说"上的问答内容，也早已超出奶牛养殖的范畴，扩展到有关畜牧业的方方面面。

——《2017 中国蒙牛乳业有限公司可持续发展报告（ESG 报告）》

六、环境绩效（E 系列）

环境绩效主要描述企业在节能减排、环境保护方面的责任贡献。主要包括绿色管理、绿色生产和绿色运营三个部分。如图 4-5 所示。

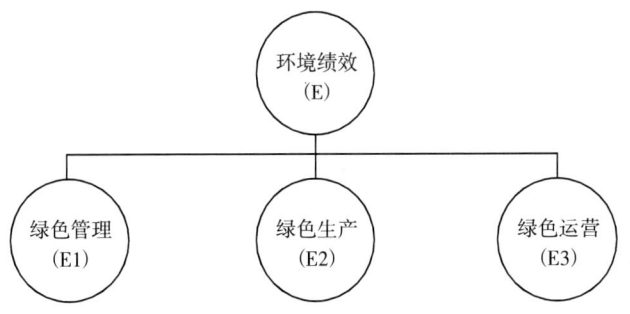

图 4-5　环境绩效包括的二级板块

（一）绿色管理（E1）

E1.1　环境管理体系

【指标解读】：本指标描述企业建立的环境管理组织体系和制度体系。企业应建立环境管理组织，负责公司的环境管理工作，并制定相应的计划、执行、检查、改进等环境管理制度。

示例：

集团通过实践摸索与理念创新，不断完善环境管理体系，落实节能减排目标责任，加强环保宣传，开展监督检查，严格责任考核，为保障环境保护和节能减排工作的有序开展奠定良好基础。集团制定了《华润集团岗位 EHS 责任制度》和《华润集团 EHS 事故事件责任追究条例》等制度，落实各级岗位环境保护责任，加大事故事件责任追究力度，完善了环境保护责任体系。集团根据国务院国资委等上级主管部门有关环境保护和节能减排的工作要求，对各利润中心下达年度节能减排目标，并由利润中心逐级分解至基层企业，加大节能减排目标完成情况考核力度，评价结果纳入各企业年度业绩合同，有效推动节能减排管理水平的不断提升。

——《华润（集团）有限公司2017社会责任报告》

E1.2　环保预警及应急机制

【指标解读】：本指标描述企业为识别、监测和评估潜在的环保危机和应急事故建立的预警及应急机制，预防和减少可能的环境影响。

> **示例：**
>
> 为做好大气污染物排放监管，避免各类环保事件的发生，2017年华润电力启动了大气污染物排放监控系统建设。通过一系列的调研、技术交流、系统测试及试运行，优化了系统启机、停机判断，解决了启机阶段的误报警问题，并开发了报表、图表功能，目前已在下属火电企业正式运行。
>
> ——《华润（集团）有限公司2017社会责任报告》

E1.3　企业环境影响评价

【指标解读】：根据《中华人民共和国环境影响评价法》，环境影响评价是指对规划和建设项目实施后可能造成的环境影响进行分析、预测和评估，提出预防或者减轻不良环境影响的对策和措施，并进行跟踪监测的方法与制度。

除国家规定需要保密的情形外，对环境可能造成重大影响、应当编制环境影响报告书的建设项目，建设单位应当在报批建设项目环境影响报告书前举行论证会、听证会，或者采取其他形式征求有关单位、专家和公众的意见。

> **示例：**
>
> 三元制定并严格落实《三元环保管理制度》，加强对废水、废气、固废等污染物的治理，每年定期对环境风险因素进行识别，邀请第三方检测机构对废水、废气、油烟、噪声进行检测，制定预防措施，防止污染环境的事故发

生,确保各种污染物长期稳定达标排放。

——《三元食品 2017 企业社会责任报告》

E1.4 环保总投资

【指标解读】:本指标指年度投入环境保护的资金总额。

示例:

中盐集团建立并完善环境管理体系,制定《中国盐业总公司环境保护管理办法》《环境突发事件应急预案》等制度,指导所属企业实现环保合规;加强环保日常管理,加大环保资金投入,采用环保先进技术,有效降低各项污染物排放量。2017 年,公司环保投入 35970 万元。

——《2017 中盐集团社会责任报告》

E1.5 环保培训和宣教

【指标解读】:本指标指企业对员工(或利益相关方)开展的关于环境保护方面的培训或宣传工作。

示例:

2015 年 6 月,青岛啤酒公司率先在行业内成立了"环保志愿者联盟"。经过两年的发展,已由最初的 2000 名成员壮大到 1 万余人。各单位的环保志愿者们开展了丰富多样的环保活动,如低碳骑行、环保理念宣传、植树造林、健步行、保护水源地、全员清洁、以旧换新、走进社区、废物利用、环保创意活动等 1000 余次,有效地促进了环保理念的广泛传播,打造了一条条亮丽的环保风景线。不仅将青岛啤酒的环保精神传播到世界各地,也受到广大朋友的认可和点赞。

——《青岛啤酒股份有限公司 2017 环境、社会及管治报告》

E1.6 环保培训绩效

【指标解读】:本指标包括环保培训人数、环保培训投入、环保培训时间等。

> **示例：**
> 据不完全统计，2017年公司及下属各级单位员工累计参加环保教育、节能减排培训2836人次，大大提高了各级人员环保法律意识和操作技能。
>
> ——《华润雪花啤酒（中国）有限公司2017社会责任报告》

E1.7　环保技术研发与应用

【指标解读】：本指标描述企业在环保技术研发和应用方面的激励制度和相关实践。

> **示例：**
> 集团加强环保技术研发应用，积极参与社会废弃物治理，发展循环经济，使工厂变身为"城市共生体"，实现企业环保转型。
>
> ——《华润（集团）有限公司2017社会责任报告》

E1.8　绿色工厂选址原则

【指标解读】：食品企业在选择工厂时，应充分考虑原材料供应方便、环保等要求。

> **示例：**
> 我们在牧场选址中，选择距离生活饮用水源地、城镇居民区等人口集中区域及公路、铁路等主要交通干线500米以上的地方建设牧场，减少对人们生活的影响。
>
> ——《2017中国蒙牛乳业有限公司可持续发展报告（ESG报告）》

E1.9　关注动物福利

【指标解读】：动物福利不仅包括让动物吃好喝好，还包括给动物提供良好的环境，没有好的水、草、空气，动物就不能更好地生养、繁殖。人类是食物链的上游，只有保证动物的健康，才能保证肉质食品的健康。

示例：

联合中丹中心发起"奶牛幸福计划"。选择土质松软、水源水质良好、气候适宜的地区，为奶牛提供健康舒适的生活环境。以在有限条件下生产最优质牛奶所能容纳牛的数量为依据，科学测算牧场承载量，综合判定牧场的整体规模。推动牧场对饮水槽、风扇、喷淋、卧床、运动场、青贮窖进行升级改造项目。坚持高标准动物福祉，保障奶牛的健康和权益，提高奶牛的幸福指数，保障产出的牛奶营养更丰富。

——《2017中国蒙牛乳业有限公司可持续发展报告（ESG报告）》

E1.10 应对气候变化

【指标解读】：本指标描述企业通过自身行动，减缓气候变化速率和缓解适应气候变化带来的生态系统退化。

示例：

为支持广东省国家低碳试点工作开展和全面践行华润集团绿色责任，华润电力海丰电厂依托1号机组正在建设世界第三、亚洲首个多线程二氧化碳捕集测试平台。发电过程中经除尘后的烟气分两路进入并联运行的胺吸收法捕集系统和膜分离法捕集系统，捕集的二氧化碳经压缩提纯后可用于食品或工业领域。华润电力海丰电厂CCUS（碳捕集、利用与封存）测试平台的建设对于化石能源低碳利用、全球气候变化有效应对、CCUS新技术验证与研究以及推动碳捕集技术国产化具有重要意义。工程项目预计于2018年底投产运行，年二氧化碳捕集能力达2万吨。

——《华润（集团）有限公司2017社会责任报告》

（二）绿色生产（E2）

E2.1 在产品设计时考虑环境因素

【指标解读】：本指标指公司在充分考虑环境因素的基础上研发设计产品，实现人与环境的协调。

示例：

河北三元工业园在规划和建设之初，充分考虑环境保护因素，选用环保材料和产品，并对建设内容、平面布局、建设规模、污染治理等内容进行环境评价，落实环保要求，打造环保型厂区，以实际行动为保护当地环境贡献力量。

——《三元食品 2017 企业社会责任报告》

E2.2 节约能源的政策、措施

【指标解读】：节约能源是指通过加强用能管理，从能源生产到消费的各个环节，降低消耗、减少损失和污染物排放、制止浪费，有效、合理地利用能源。

示例：

集团通过调整产业结构、淘汰落后产能、实施技术改造等措施，努力提升能源利用效率，减少资源消耗。2017 年，集团万元产值可比价综合能耗、万元营业收入可比价综合能耗、万元增加值可比价综合能耗分别比 2016 年下降 2.53%、2.25%、0.55%，能源使用效率持续提升。

——《华润（集团）有限公司 2017 社会责任报告》

E2.3 降低产品和服务的能源需求

【指标解读】：本指标指企业在提供产品或服务的过程中，减少对能源的消耗。

示例：

引进太阳能发电发热技术，利用厂房屋顶和厂区部分草坪，建设太阳能并网发电站。2017 年，太阳能发电量达 318.46 万千瓦时，相当于节约标准煤 1273.84 吨。

——《2017 中国蒙牛乳业有限公司可持续发展报告（ESG 报告）》

E2.4 节约水资源的政策、措施

【指标解读】：本指标指企业节约水资源的政策措施，包括但不限于：完善企业节水管理，加强定额管理，完善用水量，加强节水技术改造，推进工业废水回

用，提高水资源重复利用率，提高职工节水意识等。

> **示例：**
>
> 进一步完善3U水资源管理策略（节约使用SayeUse、循环使用RecycleUse、共同使用CommonUse），在全国工厂推广实施，提高水资源利用率。3U水资源管理策略实施后，全国各工厂每年自主制定40余项节水措施，持续加大水资源管理投入，单吨产品水耗接近国际先进水平。
>
> ——《2017中国蒙牛乳业有限公司可持续发展报告（ESG报告）》

E2.5 减少"三废"排放的制度、措施或技术

【指标解读】："三废"主要指报告期内企业生产的废气、废水、废弃物。

> **示例：**
>
> 三元制定并严格落实《三元环保管理制度》，加强对废水、废气、固废等污染物的治理，每年定期对环境风险因素进行识别，邀请第三方检测机构对废水、废气、油烟、噪声进行检测，制定预防措施，防止污染环境的事故发生，确保各种污染物长期稳定达标排放。
>
> 减少废水排放：三元各工厂自建污水处理站，升级污水处理工艺，配备流量计及化学需氧量等主要污染物指标在线监测装置，各项指标达标后方可排放。公司共有污水处理厂10座，日处理污水量达7330吨。截至2017年底，新乡三元、柳州三元、太子奶、天津三元、江苏三元、北京工业园、迁安三元污水处理已完成升级改造，配备在线监测系统，各项均达到环保要求。
>
> 减少废气排放：三元及各工厂积极对燃煤锅炉进行改造，有效降低企业生产过程中废气排放；定期对污水站无组织排放的恶臭气体进行处理，食堂油烟废气经油烟净化器处理后排放，降低大气污染。2017年，公司全部淘汰燃煤锅炉，更换使用清洁燃料的燃气锅炉，配备燃气锅炉20台，并改造老旧燃气锅炉，减少氮氧化物排放，将锅炉燃烧器更换成低氮燃烧器。
>
> 减少废弃物排放：三元开展废旧包装回收利用；固废、危废及生活垃圾由有资质的第三环保公司进行处理，杜绝废弃物对周边环境的影响。
>
> ——《三元食品2017企业社会责任报告》

E2.6 "三废"排放量及减排量

【指标解读】：本指标主要指报告期内企业的废气、废水、废弃物排放量及减排量。

示例：

指标	2015年	2016年	2017年
废气排放量（万立方米）	7105.29	8977.217	8715.54
废水减排量（万吨）	11.03	10.50	87.47
废弃物排放量（吨）	1.22	0.85	1.33

注：表格中数据为北京三元工业园环保绩效。

——《三元食品2017企业社会责任报告》

E2.7 发展循环经济的政策、措施

【指标解读】：循环经济是指在生产、流通和消费等过程中进行的减量化、再利用、资源化活动的总称。其中：减量化是指在生产、流通和消费等过程中减少资源消耗和废物产生；再利用是指将废物直接作为产品或经修复、翻新、再制造后继续作为产品使用，或者将废物的全部或部分作为其他产品的部件予以使用；资源化是指将废物直接作为原料进行利用或者对废物进行再利用。

示例：

三元积极推行循环经济，充分利用闲置资源及设备，对设备进行技术升级，降低成本费用；注重水资源管理，实施中水回用和冷凝水回收利用管理方案，使生产过程中的废水经过处理后变成可以循环利用的工业用水或绿化用水，促进水资源循环再利用；燃气锅炉加装锅炉余热回收器，可将高温烟气所携带的余热回收再利用，通过加热锅炉软化水补水及生活用水，提高锅炉运行效率。

——《三元食品2017企业社会责任报告》

E2.8 循环经济发展绩效

【指标解读】：本指标主要指废旧金属、报废电子产品、报废机电设备及其零

部件、废造纸原料（如废纸、废棉等）、废轻工原料（如橡胶、塑料、农药包装物、动物杂骨、毛发等）、废玻璃等再生资源的循环利用程度。

> **示例：**
> 在超市终端投放 RVM 包装回收机，消费者累计投入 5 个利乐牛奶包装，就可以随机获得世界杯观赛门票等回馈。将回收来的包装用于生产名片、公园护栏、垃圾桶、课桌椅、室外地板，以及蒙牛厂区供人休息的长凳、路边垃圾桶等，实现了废弃物的循环使用。
> ——《2017 中国蒙牛乳业有限公司可持续发展报告（ESG 报告）》

E2.9 产品/人力运输过程中对环境的影响

【指标解读】：本指标描述运输过程中对环境的影响以及相关的对策或应对措施。

> **示例：**
> 实施"产地销、销地产"战略，科学规划仓储布局，减少运输里程和碳排放。提倡环保型运输方式，积极开发铁路、海陆运输资源。与铁路总公司深化战略合作，开发高铁运输、"迷你"集装箱运输等多种运输方式，推动铁路代替公路运输，降低运输过程碳排放。对在途车辆进行全程 GPS 监控，实现运送路径可视化、可控化，优化运送路线，减少物流里程以及碳排放。
> ——《2017 中国蒙牛乳业有限公司可持续发展报告（ESG 报告）》

E2.10 支持绿色低碳产品的研发与销售

【指标解读】：低碳产品是指具有节能减排作用的产品，本指标考察企业是否鼓励绿色低碳产品的研发与销售，以实现减少全球温室气体排放的效果。

> **示例：**
> 华润万家在下属超市推广使用新型完全生物可降解购物袋，新型购物袋拥有比利时 VINCOTTE、德国莱茵、美国 BPI 等国际专业机构的权威认证，成分不含聚乙烯，能在自然环境中被自然存在的微生物分解，不会造成任何污

染。截至 2017 年底，Ole'品牌超市共使用"零污染"环保袋超过 1998 万个。

——《华润（集团）有限公司 2017 社会责任报告》

E2.11　支持包装减量化和包装物回收的政策

【指标解读】：本指标主要指报告期内企业在进行产品包装时采取减量化包装、包装物循环使用等方式，以减少产品包装物对环境的影响。

> 示例：
>
> 三元在保证产品质量的同时，注意减少产品包装的浪费和污染，实现包装循环利用。与原料供应商签订包装回收协议，送奶到户事业部坚持使用环保玻璃瓶，所用纸箱采用不覆膜水性印刷，便于纸张的回收利用，提高资源利用效率。

——《三元食品 2017 企业社会责任报告》

E2.12　包装减量化和包装物回收量

【指标解读】：本指标指包装减量化及包装物回收的绩效。

> 示例：
>
> 完善包装管理制度，优先选用环保节能的包装材料，降低包装材料消耗。采用通过了 FSC®️ 或 SFI 森林体系认证的可再生无菌环保包材，且 100% 可回收再利用。2017 年，蒙牛消耗利乐无菌包装 187.67 亿包，纸箱（废纸及木料纸浆）58.39 亿个；雅士利包装材料使用总量 7034 吨，单位包装材料使用量 2.4 吨/百万元销售收入。
>
> 将利乐枕等产品的包装箱塑料提手更换为新型无纺布环保材质，每个月生产 1000 多万个环保型提手，减少投放到自然界中的不可解物总量。与保龄宝、金丹和格拉特的玉米深加工企业联合进行奶桶包装技术创新，研究并使用折叠循环吨箱替代原有的塑料桶，提高包装利用率，减少不可再生资源的消耗。2013~2015 年，折叠循环吨箱的使用所带来的环境效益，相当于蒙牛每 3 年种下 3035 棵吸收 CO_2 的冷杉树苗，并且持续照顾它们到 2046 年。

——《2017 中国蒙牛乳业有限公司可持续发展报告（ESG 报告）》

(三) 绿色运营 (E3)

E3.1 绿色办公措施

【指标解读】：本指标描述企业绿色办公的政策或措施，包括但不限于：夏季空调温度不低于26度；办公区采用节能灯具照明，且做到人走灯灭；办公区生活用水回收再利用；推广无纸化办公，且打印纸双面使用；办公垃圾科学分类；推行视频会议减少员工出行等。

> **示例：**
>
> 生产经营过程中产生的一般固体废弃物交资源回收利用公司进行重新利用；集团建立办公系统、财务SAP系统、合同审批平台等现代化办公平台，提高无纸化办公比例，减少纸张使用，实行单面纸张再利用，减少纸张浪费，采用可重复使用的耗材（如硒鼓）等减少办公用品废弃物的产生。
>
> ——《2017中国蒙牛乳业有限公司可持续发展报告（ESG报告）》

E3.2 绿色办公绩效

【指标解读】：本指标包括办公用电量、用水量、用纸量以及垃圾处理量等方面的数据。

> **示例：**
>
> 三元深入践行绿色办公，提高工作效率，将办公资源浪费降低到最低限度。2017年，三元落实办公信息化和移动化，提升行政办公效率60%左右；河北三元新乐工业园优化办公网络，加强硬件设施建设，目前OA、ERP集成化信息管理系统已广泛应用于日常生产与管理。
>
> ——《三元食品2017企业社会责任报告》

E3.3 生态恢复与治理

【指标解读】：生态恢复是指对生态系统停止人为干扰，以减轻负荷压力，依靠生态系统的自我调节能力与自我组织能力使其向有序的方向进行演化，或者利用生态系统的自我恢复能力，辅以人工措施，使遭到破坏的生态系统逐步恢复或使生态系统向良性循环方向发展。生态恢复的目标是创造良好的条件，促进一个群落发展成为由当地物种组成的完整生态系统，或为当地的各种动物提供相应的栖息环境。

> **示例：**
>
> 三清山风电场践行"还三清山一片绿水青山"的承诺，累计投入资金530万元，喷播植草约26万平方米，种植各类植物2万余棵，绿化恢复总面积约42万平方米，使风电场成为当地的风景点，实现工程建设和生态环境协调发展。
>
> ——《华润（集团）有限公司2017社会责任报告》

E3.4 保护生物多样性

【指标解读】：根据《生物多样性公约》，"生物多样性"是指所有来源的活的生物体的多样性，这些来源包括陆地、海洋和其他水生态系统及其所构成的生态综合体；包括物种内、物种之间和生态系统的多样性。一般而言，在涉及生物多样性保护的项目中，组织可采取以下两种方式保护生物多样性：就地保护是指为了保护生物多样性，把包含保护对象在内的一定面积的陆地或水系统划分出来，进行保护和管理。就地保护的对象主要包括有代表性的自然生态系统和珍稀濒危动植物的天然集中分布区等。就地保护是生物多样性保护中最为有效的一项措施。迁地保护是指为了保护生物多样性，把因生存条件不复存在、物种数量极少或难以找到配偶等原因，生存和繁衍受到严重威胁的物种迁出原地，移入动物园、植物园、水族馆和濒危动物繁殖中心，进行特殊的保护和管理，是对就地保护的补充。迁地保护的最高目标是建立野生群落。

> **示例：**
>
> 我们严格贯彻《中华人民共和国环境保护法》要求，注重草原生态系统保护与修复工作，倡导生物多样性保护，保护土地资源，严格按要求进行牧场选址，坚持高标准动物福祉，保障奶牛健康和权益。
>
> ——《2017中国蒙牛乳业有限公司可持续发展报告（ESG报告）》

E3.5 零净砍伐

【指标解读】：森林的零净砍伐和零净退化是指当企业使用木制生物源产品时，应尽可能采用可持续的资源如再生木制品或速生林木制品，减少碳汇的损耗。

> **示例：**
>
> 作为全球最大的屋顶包、灌装设备和屋顶包加盖系统供应商，唯绿包装携手新鲜战略合作伙伴三元走过近20个春秋，始终围绕"品质与安全"的品牌承诺，以匠人之心不断创造出品质优异的产品，充分贯彻三元对"保障食品安全以及对品质的执着和坚守"的理念。
>
> 合作多年以来，唯绿与三元一同遵守并践行绿色环保理念和责任，唯绿承诺新鲜屋原料中超过70%的部分来自经国际森林管理体系认证的可再生森林，纸板生产过程中超过50%的能源采用绿色再生能源。并在全球范围宣传推广环保回收及促进回收体系的建立，已有超过7000万家庭做到了"新鲜屋"的回收。
>
> 未来，唯绿将继续承诺与三元发展更加紧密的战略合作伙伴关系，为"安全、品质、环保"的乳业生产保驾护航！
>
> ——《三元食品2017企业社会责任报告》

E3.6 环保公益活动

【指标解读】：本指标描述企业投入人力、物力、财力等支持或开展环境保护公益活动。

> **示例：**
>
> 华润集团将开展企业环保公益活动常态化，积极面对工程建设对周边生态环境造成的影响，通过开展形式多样的活动，投入资金，落实生态环境修复措施，实现经济建设与生态环境的和谐共赢。
>
> ——《华润（集团）有限公司2017社会责任报告》

七、报告后记（A 系列）

报告后记部分主要包括对未来社会责任的计划、关键绩效、企业社会责任荣誉、对报告的点评及评价、报告参考及索引、读者意见反馈六个方面。如图 4-6 所示。

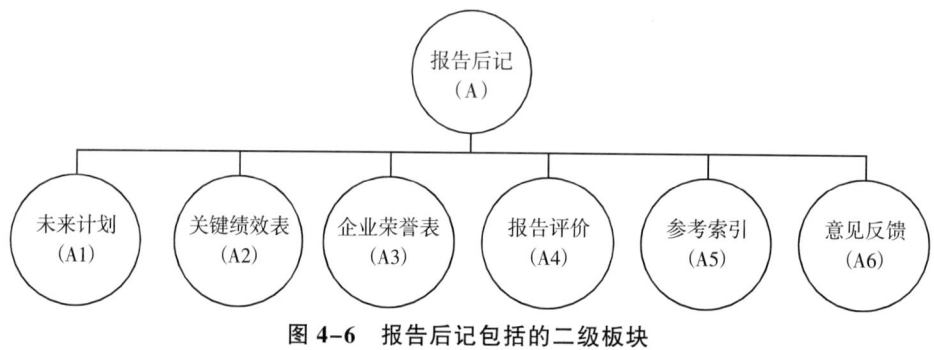

图 4-6　报告后记包括的二级板块

（一）未来计划（A1）

【指标解读】：本指标描述公司对社会责任工作的规划。

> **示例：**
>
> 承接国资委对中央企业履行社会责任的要求，结合华润多元化经营的特点及社会责任履责实际，集团立足战略高度全面部署了"十三五"期间的社会责任工作，出台了《"十三五"社会责任规划》（以下简称《规划》），《规划》成为近五年指导全集团社会责任工作开展的纲领性文件；集团还新修订了《华润集团社会责任工作管理办法》，拟定了华润集团《社会责任工作手册》，对《规划》进行了细化，对社会责任的组织保障、规划推动、指标体系、检查考核、绩效评估、沟通传播、经费保障等问题进行了规范，明确了工作推进路径。
>
> ——《华润（集团）有限公司2017社会责任报告》

（二）关键绩效表（A2）

【指标解读】：本指标是企业年度社会责任关键数据的集中展示。关键责任绩效主要从定量的角度出发，披露公司在报告期内取得的重大责任绩效，包括但不限于以下内容：财务绩效；客户责任绩效；伙伴责任绩效；员工责任绩效；社区责任绩效；环境责任绩效；等等。

示例：

指标	2015年	2016年	2017年
经济绩效			
总资产（亿元）	496.19	473.08	496.14
营业收入（亿元）	212.47	208.68	250.22
利润总额（亿元）	1.68	4.46	9.06
应缴税费总额（亿元）	18.31	18.73	18.03
守法合规培训覆盖率（%）	100	100	100
供应碘盐地区数（省/市/自治区）	18	18	34
供应碘盐人口数（亿人）	4.2	4.2	4.5
碘盐覆盖人口比率（%）	99	99	99
碘盐合格率（%）	100	100	100

——《2017中盐集团社会责任报告》

（三）企业荣誉表（A3）

【指标解读】：本指标是企业年度社会责任重要荣誉的集中展示。主要指公司报告期内，在责任管理、市场责任、社会责任和环境责任方面获得的重大荣誉奖项。

模板：

主要指公司报告期内在责任管理、市场责任、社会责任和环境责任方面获得的重大荣誉奖项。

荣誉类别	评奖机构	荣誉称号
责任管理类	……	……
市场绩效类	……	……
社会绩效类	……	……
环境管理类	……	……

（四）报告评价（A4）

【指标解读】：本指标描述社会责任专家或行业专家、利益相关方或专业机构对报告的评价。

● 专家点评：由社会责任研究专家或行业专家对企业社会责任报告的科学性、可信性以及报告反映的企业社会责任工作信息进行点评。

● 利益相关方评价：由企业的利益相关方（股东、客户、供应商、员工、合作伙伴等）对企业社会责任报告的科学性、可信性以及报告反映的企业社会责任工作信息进行评价。

● 报告评级：由中国企业社会责任报告评级专家委员会从报告的过程性、完整性、实质性、平衡性、可比性、可读性和创新性等方面对报告做出评价，出具评级报告。

● 报告审验：由专业机构对企业社会责任报告进行审验。

（五）参考索引（A5）

【指标解读】：本指标描述对本指南要求披露指标的采用情况。

模板：

《CASS-CSR 4.0》指标索引

	指标编号	指标描述	披露位置	披露情况
报告前言	P1.1	质量保证	封1	完全采用
	……	……	……	……
责任管理	G1.1	企业使命、愿景、价值观	……	……
	……	……	……	……

	指标编号	指标描述	披露位置	披露情况
市场绩效	M1.1	规范公司治理	……	……
	……	……	……	……
社会绩效	S1.1	企业守法合规体系建设	……	……
	……	……	……	……
环境绩效	E1.1	环境管理体系	……	……
	……	……	……	……

(六) 意见反馈 (A6)

【指标解读】：本指标描述读者意见调查表及读者意见反馈渠道。

模板：

本报告是××向社会公开发布的第××份企业社会责任报告，为持续改进公司社会责任工作，不断提高履行社会责任的能力和水平，我们非常希望倾听您的意见和建议。恳请您协助完成反馈意见表中提出的相关问题，并选择以下方式反馈给我们：

公司：　　　　　部门：

中国　　　　　　省（市）　　　　区　　　　路　　　号

邮政编码：

联系电话：

电子邮箱：

您的信息

姓　　名：

工作单位：

职　　务：

联系电话：

电子邮箱：

意见反馈

1. 您对公司社会责任报告的总体评价是什么？

好　　　　较好　　　　一般

2. 您认为本报告对于公司对经济、社会和环境的重大影响的反映程度如何？

高　　　　较高　　　　一般　　　　较低　　　　低

3. 您认为本报告所披露信息、数据、指标的清晰、准确、完整度如何？

好　　　　较好　　　　一般　　　　差　　　　不了解

4. 您最满意本报告哪一方面？

5. 您希望进一步了解哪些信息？

6. 您对我们今后发布报告还有哪些建议？

八、指标速查表

（一）行业特征指标表（31 个）

特征指标表如表 4-1 所示。

表 4-1　特征指标

指标名称	定性指标（●）
	定量指标（⊕）
本质责任部分	
F1.1　对供应商进行原材料安全卫生控制	●
F1.2　食品安全管理体系	●
F1.3　食品安全事故应急机制	●
F1.4　食品安全风险控制	●
F1.5　食品安全生产关键节点控制	●

续表

指标名称	定性指标（●） 定量指标（⊕）
F1.6　食品召回/问题食品处理制度	●
F1.7　冷链运输	●
F1.8　建立食品可追溯系统	●
F2.1　坚持创新驱动	●
F2.6　科研成果产业化	●/⊕
F2.7　新研发产品质量安全评估	●
F3.1　提供食品健康和营养解决方案	●
F3.2　为特殊人员（老年人、孕妇、婴幼儿）提供特殊膳食	●
F3.3　营养知识普及和健康生活方式倡导	●
F4.1　食品标签合规	●
F4.2　严禁虚假或者引人误解的广告宣传	●
市场绩效部分	
M1.1　规范公司治理	●
M2.3　产品合格率	⊕
M2.4　售后服务体系	●
M2.7　客户满意度	●/⊕
M3.6　食品供应链管理	●
M3.7　食品供应商质量安全准入制度	●
社会绩效部分	
S2.4　禁止使用童工	●
S2.15　员工食品安全培训	●/⊕
S2.17　职业健康管理	●/⊕
S4.9　社区营养知识普及	●
S4.10　支持可持续农业发展的政策、措施	●
环境绩效部分	
E1.8　绿色工厂选址原则	●
E1.9　关注动物福利	●
E2.11　支持包装减量化和包装物回收的政策	●
E2.12　包装减量化和包装物回收量	⊕

（二）指标体系表（155 个）

指标体系表如表 4-2 所示。

表 4-2　指标体系

序号	指标名称	定性指标（●） 定量指标（⊕）
第一部分　报告前言（P 系列）		
（P1）报告规范		
P1.1	质量保证	●
P1.2	信息说明	●
P1.3	报告体系	●
（P2）高管致辞		
P2.1	履行社会责任的形势分析与战略考量	●
P2.2	年度社会责任工作进展	●
（P3）责任聚焦		
P3.1	公司年度社会责任重大事件	●
P3.2	社会责任重点议题进展及成效	●
（P4）企业简介		
P4.1	企业战略与文化	●
P4.2	组织架构及运营地域	●
P4.3	主要产品、服务和品牌	●
P4.4	企业规模与影响力	●/⊕
P4.5	报告期内关于组织规模、结构、所有权或供应链的重大变化	●
第二部分　责任管理（G 系列）		
（G1）愿景		
G1.1	企业使命、愿景、价值观	●
G1.2	企业社会责任理念或口号	●
（G2）战略		
G2.1	实质性社会责任议题识别与管理	●
G2.2	社会责任战略规划与年度计划	●
G2.3	推动社会责任融入企业发展战略与日常经营	●
G2.4	塑造有影响、可持续的责任品牌	●

续表

序号	指标名称	定性指标（●） 定量指标（⊕）
(G3) 组织		
G3.1	企业高层支持和推动社会责任工作	●
G3.2	社会责任领导机构及工作机制	●
G3.3	社会责任组织体系及职责分工	●
(G4) 制度		
G4.1	制定社会责任管理制度	●
G4.2	构建社会责任指标体系	●
G4.3	丰富社会责任理论研究	●
(G5) 文化		
G5.1	组织开展社会责任培训	●
G5.2	开展社会责任考核或评优	●
(G6) 参与		
G6.1	识别和回应利益相关方诉求	●
G6.2	企业主导的社会责任沟通参与活动	●
G6.3	机构参与或支持的外界发起的经济、环境、社会公约、原则或其他倡议	●
第三部分　本质责任（F 系列）		
(F1) 确保食品质量与安全		
F1.1	对供应商进行原材料安全卫生控制	●
F1.2	食品安全管理体系	●
F1.3	食品安全事故应急机制	●
F1.4	食品安全风险控制	●
F1.5	食品安全生产关键节点控制	●
F1.6	食品召回/问题食品处理制度	●
F1.7	冷链运输	●
F1.8	建立食品可追溯系统	●
(F2) 食品研发与创新		
F2.1	坚持创新驱动	●
F2.2	研发投入	⊕
F2.3	科研工作人员数量及比例	⊕

续表

序号	指标名称	定性指标（●） 定量指标（⊕）
F2.4	新增专利数	⊕
F2.5	重大创新奖项	●/⊕
F2.6	科研成果产业化	●/⊕
F2.7	新研发产品质量安全评估	●
（F3）食品营养与健康		
F3.1	提供食品健康和营养解决方案	●
F3.2	为特殊人员（老年人、孕妇、婴幼儿）提供特殊膳食	●
F3.3	营养知识普及和健康生活方式倡导	●
（F4）食品标签与广告合规		
F4.1	食品标签合规	●
F4.2	严禁虚假或者引人误解的广告宣传	●
第四部分　市场绩效（M系列）		
（M1）股东责任		
M1.1	规范公司治理	●
M1.2	保护中小投资者利益	●
M1.3	合规信息披露	●
M1.4	反腐败	●
M1.5	成长性	⊕
M1.6	收益性	⊕
M1.7	安全性	⊕
（M2）客户责任		
M2.1	客户关系管理体系	●
M2.2	客户信息保护	●
M2.3	产品合格率	⊕
M2.4	售后服务体系	●
M2.5	积极应对消费者投诉	●
M2.6	消费者投诉解决率	⊕
M2.7	客户满意度	●/⊕
（M3）伙伴责任		
M3.1	诚信经营	●

续表

序号	指标名称	定性指标（●） 定量指标（⊕）
M3.2	公平竞争	●
M3.3	战略共享机制和平台	●
M3.4	经济合同履约率	⊕
M3.5	尊重和保护知识产权	●
M3.6	食品供应链管理	●
M3.7	食品供应商质量安全准入制度	●
M3.8	食品供应商审核机制	●
M3.9	针对食品供应商的社会责任政策、倡议和要求	●
M3.10	公司责任采购的制度及（或）方针	●
M3.11	保护农民利益的政策、措施	●
M3.12	助力行业发展	●
第五部分 社会绩效（S系列）		
(S1) 政府责任		
S1.1	企业守法合规体系建设	●
S1.2	守法合规培训	●/⊕
S1.3	纳税总额	⊕
S1.4	响应国家政策	●
S1.5	带动就业	●
S1.6	报告期内吸纳就业人数	⊕
(S2) 员工责任		
S2.1	员工构成情况	●/⊕
S2.2	劳动合同签订率	⊕
S2.3	平等雇佣	●
S2.4	禁止使用童工	●
S2.5	反强迫劳动和骚扰虐待	●
S2.6	多元化和机会平等	●
S2.7	薪酬与福利体系	●
S2.8	女性管理者比例	⊕
S2.9	员工满意度	⊕
S2.10	员工流失率	⊕

续表

序号	指标名称	定性指标（●） 定量指标（⊕）
S2.11	民主管理	●
S2.12	职业发展通道	●
S2.13	员工培训体系	●
S2.14	员工培训绩效	⊕
S2.15	员工食品安全培训	●/⊕
S2.16	工作环境和条件保障	●
S2.17	职业健康管理	●/⊕
S2.18	员工心理健康制度/措施	●
S2.19	困难员工帮扶	●/⊕
S2.20	特殊群体（孕妇、哺乳期妇女等）保护	●
S2.21	生活工作平衡	●
(S3) 安全生产		
S3.1	安全生产管理体系	●
S3.2	安全应急管理机制	●
S3.3	安全教育与培训	●/⊕
S3.4	安全培训绩效	⊕
S3.5	安全生产投入	⊕
(S4) 社区责任		
S4.1	社区沟通和参与机制	●
S4.2	员工本地化政策	●
S4.3	本地化雇佣比例	⊕
S4.4	本地化采购政策	●
S4.5	企业公益方针或主要公益领域	●
S4.6	捐赠总额	⊕
S4.7	企业支持志愿者活动的政策、措施	●
S4.8	员工志愿者活动绩效	⊕
S4.9	社区营养知识普及	●
S4.10	支持可持续农业发展的政策、措施	●
S4.11	带动地方经济发展	●

续表

序号	指标名称	定性指标（●） 定量指标（⊕）
S4.12	助力精准扶贫	●
S4.13	扶贫专项资金投入	⊕
S4.14	脱贫人口数量	⊕
第六部分　环境绩效（E系列）		
（E1）绿色管理		
E1.1	环境管理体系	●
E1.2	环保预警及应急机制	●
E1.3	企业环境影响评价	●
E1.4	环保总投资	⊕
E1.5	环保培训和宣教	●
E1.6	环保培训绩效	⊕
E1.7	环保技术研发与应用	●
E1.8	绿色工厂选址原则	●
E1.9	关注动物福利	●
E1.10	应对气候变化	●
（E2）绿色生产		
E2.1	在产品设计时考虑环境因素	●
E2.2	节约能源的政策、措施	●
E2.3	降低产品和服务的能源需求	●
E2.4	节约水资源的政策、措施	●
E2.5	减少"三废"排放的制度、措施或技术	●
E2.6	"三废"排放量及减排量	⊕
E2.7	发展循环经济的政策、措施	●
E2.8	循环经济发展绩效	⊕
E2.9	产品/人力运输过程中对环境的影响	●
E2.10	支持绿色低碳产品的研发与销售	●
E2.11	支持包装减量化和包装物回收的政策	●
E2.12	包装减量化和包装物回收量	⊕
（E3）绿色运营		
E3.1	绿色办公措施	●

续表

序号	指标名称	定性指标（●） 定量指标（⊕）
E3.2	绿色办公绩效	⊕
E3.3	生态恢复与治理	●
E3.4	保护生物多样性	●
E3.5	零净砍伐	●
E3.6	环保公益活动	●
第六部分 报告后记（A系列）		
(A1)	未来计划	●
(A2)	关键绩效表	●/⊕
(A3)	企业荣誉表	●
(A4)	报告评价	●
(A5)	参考索引	●
(A6)	意见反馈	●

第五章 报告过程管理

作为社会责任管理体系中的重要专项工作，社会责任报告编制具有特殊和完整的流程，主要包括组织、策划、界定、启动、研究、撰写、发布、总结8项要素。重视和加强流程管控，不断优化和做实报告编制过程，能够有效提升社会责任报告的质量。

第1步，组织：搭建起来源广泛、各司其职、稳定高效的组织体系，支撑社会责任报告编制工作顺利完成。

第2步，策划：对报告要达成的目标进行系统思考和精准定位，对报告编制工作进行统筹谋划和顶层设计，确保目标明确、步骤稳健、资源匹配。

第3步，界定：通过科学的工具和方法，在内外部利益相关方广泛参与基础上，确定企业重大性社会责任议题。

第4步，启动：召开社会责任报告编制启动会，进行前沿社会责任理论与实践培训，并就报告编制的思路、要求等进行沟通安排。

第5步，研究：通过案头分析、调研访谈和对标分析，对社会责任报告指标体系、撰写技巧和企业社会责任基础素材进行研究，为撰写奠定基础。

第6步，撰写：全面和有针对性地向总部职能部门和下属单位搜集企业履行社会责任的基础素材，完成报告内容撰写。

第7步，发布：报告编制完成后，通过一种或多种发布形式，一次或多次向社会公开报告，实现与利益相关方沟通。

第8步，总结：在广泛征集内外部利益相关方意见的基础上，以报告编制组为核心，组织报告复盘，对报告编制工作进行总结。同时，对报告编制过程中利益相关方给予的关注、意见和建议进行梳理和反馈，实现报告编制工作闭环提升。如图5-1所示。

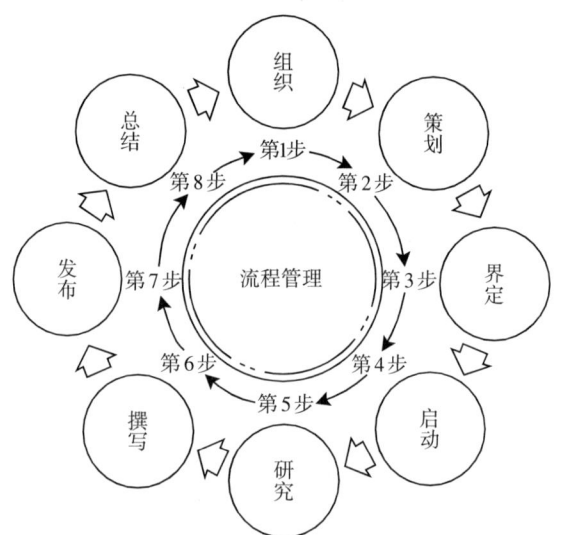

图 5–1　企业社会责任报告流程管理模型

一、组织

（一）工作组组成原则

社会责任报告编制工作组是报告编制工作的责任主体，参与并主导报告编制的全过程。工作组的组成、运作水平将直接决定报告编制的效率与质量。工作组的组成应秉承以下原则：

1. 高层参与

企业管理层中，至少有一名成员深度参与报告编制工作，并担任工作组最高负责人。一是能更好地将社会责任报告与企业战略、文化和经营工作相结合，提升报告战略高度；二是能够更加有效地协调资源，克服报告编制过程中的困难和挑战，确保报告编制工作顺利推进。

2. 内外结合

外部专家拥有包括社会责任报告方面的专业知识，熟悉理论与实践发展的最新趋势，能够有效提升报告编制的规范性、技巧性和创新性；企业内部人员熟悉企业的发展战略、主营业务和管理经营，对报告的全方位把握更为精准，能够确保报告的准确性和契合度。内外结合组成联合工作组，能够发挥"1+1>2"的效果。根据企业社会责任的发展水平、现实需求和资源情况，外部专家参与的形式根据参与程度由深到浅可分：外包、深度顾问和浅层参与。

3. 注重稳定

稳定的团队才能保证工作的连续性。企业高层领导应当确保报告编制工作牵头部门的稳定，进而才能有稳定的核心团队。在组成工作组时，报告编制牵头部门也要将"稳定"作为选择内外部组成人员的重要技术原则与沟通要素，尤其是针对内部各部门和下属单位的社会责任联络人。企业应当把"编制一本报告、锻炼一支队伍、培育一种文化"作为工作目标。这样既能确保报告质量，又能夯实履责基础。

（二）工作组职责分工

社会责任报告编制工作组成员分为核心团队和协作团队两个层次。其中，核心团队包括企业高管、牵头部门和社会责任专家；协作团队包括总部各部门CSR联络员、下属单位CSR联络员。由于角色和重要性不同，在报告编制的不同阶段，工作组组成人员的分工和职责各异，如图5-2所示。

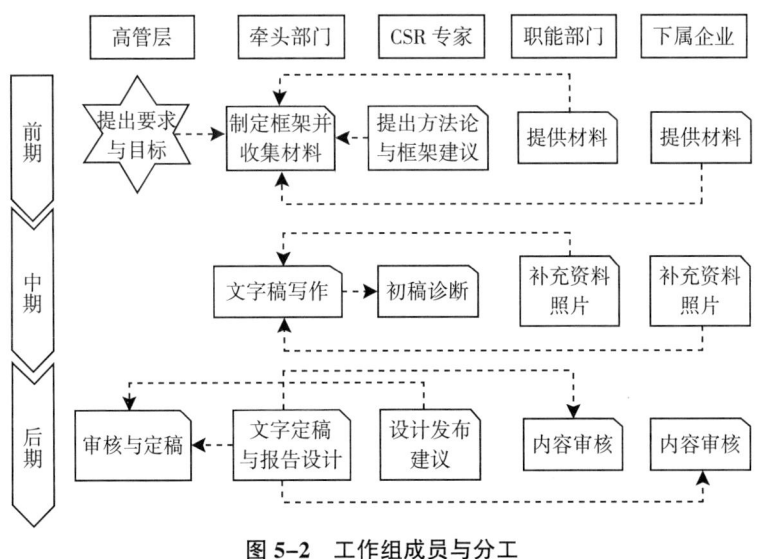

图5-2 工作组成员与分工

(三) 工作组运作机制

要构建一支能力突出、尽职高效的工作团队,并有效发挥工作组的价值,必须不断完善运作机制,确保工作组成员在素材搜集、智力支持、沟通协调方面充分发挥主动性和创造性。具体来说,主要包括:

1. 专项会议

在报告编制的重要节点,如启动会、培训会、工作复盘等,召开专项会议(包括视频会),工作组全体成员参加,学习理论知识、研讨工作经验、协调具体事项,确保工作效果。

2. 日常沟通

工作组应广泛采用信息技术和互联网技术,构建形式多样的报告编制工作虚拟空间,实现材料共享、进度共知、事项协调、学习交流的工作要求,提升工作组成员之间的沟通可及性、频率和工作黏性。

3. 激励约束

对于态度积极、工作认真、贡献较大的工作组成员及其所在的部门、单位,报告编制过程中,使用的素材要尽量向其倾斜;报告编制结束后,组织专门评比,对其进行物质或精神奖励,提升工作组成员的积极性和认同感。

二、策划

(一) 明确功能定位

工作组成立后,报告编制工作拉开帷幕。对报告进行系统策划成为工作组面临的第一要务。但在策划报告前,企业必须先思考报告编制工作希望达成的目标,并分清主要目标和次要目标,进而对报告进行明确定位。在此基础上,才能有针对性地策划报告的内容、风格、流程、工作重点和资源匹配等问题。具体来说,企业对社会责任报告的定位主要包括以下类型:

1. 合规导向（1.0）

以满足政府部门、资本市场、研究机构和社会公众等利益相关方对社会责任信息披露的基本要求为首要目标。此类报告的编制，重在信息披露的完整度与合规性，难在指标的搜集和统计计算，而对报告所承载的其他功能要求较少。

2. 品牌导向（2.0）

以报告编制的过程宣传和报告编制完成后的沟通传播为首要目标。理想的路径是：对报告进行多层次、多维度、多视角的使用和传播，让利益相关方看得到、愿意看，看完之后记得住、说得出企业社会责任管理与实践的绩效，不断提升企业的品牌知名度和美誉度，并通过品牌价值的发挥促进企业可持续发展。

3. 管理导向（3.0）

以发挥报告编制对促进责任管理的"牵引"作用为首要目标。理想的路径是：以报告编制为切入点，普及社会责任理念、工具和方法，打造社会责任战略和文化，发现企业经营管理过程中存在的不足，并通过将社会责任融入企业发展战略和日常经营来弥补短板，为企业植入责任DNA，进而实现可持续发展。对报告的不同定位，决定了报告编制的不同思路与方法以及最终的成果展现。企业根据社会责任发展趋势和自身社会责任工作开展情况，综合判断，明确企业社会责任报告基本定位，再去开展报告策划，会达到事半功倍的效果。

（二）报告短期策划

好的顶层设计是提升报告编制水平的重要保障。短期策划主要针对当年度社会责任报告，包括主题、框架、创新点、时间等要素。如表5-1所示。

表5-1 报告短期策划要素详解

要素	意义	策划的要点	思路或案例
主题	主线串联 形散神聚	文化元素导入	借鉴或应用企业已有的愿景、使命、价值观构思报告主题，如华润集团的报告主题为"与您携手、改变生活"
		责任元素导入	借鉴或应用企业已有的社会责任理念或口号构思报告主题，如南方电网的报告主题为"万家灯火、南网情深"
		价值元素导入	紧贴经济、社会和行业发展需求，通过凸显企业价值主张构思报告主题，如中国电子的报告主题为"链接幸福世界"

续表

要素	意义	策划的要点	思路或案例
框架	提纲挈领 彰显特色	经典理论型	按照"三重底线"、"五大发展"、利益相关方等经典社会责任理论，完整借鉴或升级改造后，形成社会责任报告框架
		特色议题型	梳理出由企业特定的行业、定位、属性、发展阶段等要素决定的重大性社会责任议题，直接形成社会责任报告框架
		责任层次型	对企业所承担的社会责任进行重要性辨析，划分层级，形成框架，如中国电子的"唯一性责任—第一性责任—之一性责任"；按照社会责任影响的范围与可及性构思报告框架，常见的有"企业—行业—社会—环境"及在此基础上的改进类型
		行动逻辑型	对企业履行社会责任的行动逻辑进行阶段切分，形成框架，常见的有"理念—战略—管理—实践—绩效"及在此基础上的改进类型
		功能划分型	为满足沟通、合规等不同功能要求，用上下或上中下篇来构思报告框架。如民生银行：上篇 责任故事，下篇 责任实践
		主题延展型	用解读和延展报告主题内容构思报告框架。如光大银行的报告主题为"力·道"，框架为"风险防控力，持续发展之道；经济推动力，金融普惠之道；阳光服务力，客户信任之道……"
		剑走偏锋型	按照充分发挥思维创意的原则，结合企业特有的战略、文化、行业属性、商业生态等要素，构思极具个性的框架，凸显辨识度。如阿里巴巴的"责任之本、本立道生、道生万物"
创新点	匠心独具 提升质量	报告体例	各章节通过构思相同的内容板块、表达要素或行文风格，凸显报告的系统性和整体感，同时确保章节自身履责逻辑完整、连续、闭环，报告内容丰富、亮点突出。如中国电科的报告，各章都按照"新布局、新实践、新成效"来展开论述
		报告内容	紧跟社会责任发展的宏观形势，立足国家改革发展的新政策、新要求、新方向，结合企业转型升级的重大战略、创新推出的拳头产品服务以及年度重大事件策划报告内容，确保战略性与引领性。同时，适时适当延伸，增强内容的知识性、趣味性
		表达方式	应用多种表达方式，让报告更简洁、更感人、更悦读。常见的有：将文字变为"一张图读懂……"；将常规案例变为综合案例，把故事说深、说透、说动人；使用有冲击力、生动具象的图片等
时间	详细计划 统筹推进	时间分配	组织和策划、界定与启动、研究与撰写、发布与总结 4 个环节，时间一般按照 15%、15%、60%、10% 进行分配
		推进方式	报告周期大于 6 个月，按月制定推进计划；报告周期 4~6 个月，按周制定推进计划；报告周期小于 3 个月，按日制定推进计划
		效率提升	时间规划要预留出节假日、资料搜集、部门会签、领导审核等不可控因素，通过工作梳理实现相关流程和事项并行

(三) 报告长期策划

长期策划体现了企业对报告编制工作的战略思考，是在更长的周期里，明确报告编制的目标、路径和支撑体系。具体包括报告体系、设计风格、管理制度等要素。如表 5-2 所示。

表 5-2 报告长期策划要素详解

要素	意义	策划的要点	思路或案例
报告体系	系统披露 立体沟通	内容	从内容看，社会责任报告包括常规报告、专题报告、国别报告等。如中国华电先后编制城市供热报告、分布式能源报告、应对气候变化报告等，组成了内容丰富的社会责任报告体系
		形态	从形态看，社会责任报告包括全版报告、简版报告、PDF 报告、H5 报告、网页报告、视频报告等。纸质版报告、PDF 报告是主要形态，H5 报告和视频报告渐成趋势
		周期	从周期看，社会责任报告包括年度报告、季度报告、专项报告、日常报告等，企业应根据沟通频率需求，确定报告周期组合
设计风格	传承特色 打造品牌	横向延续	一定周期内 (3~5 年)，保持社会责任报告视觉风格和创意要素的一致性、渐进性，形成有辨识度的设计。如中交集团"十三五"时期报告在统一视觉风格和设计元素基础上延展
		纵向一致	若下属单位编制社会责任报告，可根据需要统筹集团报告和下属单位报告设计风格，让全集团社会责任报告以统一形象展示
管理制度	建章立制 夯实基础	建立制度	报告编制前或编制实践过程中，完善编制体制机制，以正式制度形式，对报告编制进行内容释义、流程固化和执行分工。如中国海油 2017 年初发布《可持续发展报告编制管理细则》

三、界定

(一) 构建议题清单

议题清单的导入质量决定了企业是否能够以及在多大程度上能够识别出自身的重大性社会责任议题。因此，构建一个全面、科学、与时俱进的议题清单至关重要（见表 5-3）。议题清单的识别来源于企业对社会责任背景信息的分析，在构建议题清单的过程中，需要分析的信息类别和信息来源如表 5-4 所示。

表 5–3　议题清单的组成要求

要求	释义	控制点
全面	覆盖企业内外部利益相关方诉求和有影响力的社会责任政策、标准、倡议所要求的责任要素	广泛度
科学	以企业的行业、属性、发展阶段为基本立足点，纳入与企业自身社会责任活动相关的议题	精确度
与时俱进	紧跟国内外社会责任发展趋势以及经济社会发展的最新战略方向和现实需求	准确度

表 5–4　议题识别的环境扫描

信息类别	信息来源
宏观形势	● 重大国际共识，如推动和落实2030年联合国可持续发展目标（SDGs）、积极应对全球气候变化等 ● 国家整体规划，如国民经济和社会发展第十三个五年规划 ● 国家重大政策，如"四个全面"战略布局 ● 相关部委推动的全局性重点工作，如扶贫办主导的精准扶贫、工信部主导的绿色制造、国资委主导的国企改革等 ● 媒体关注和报道的国家改革发展过程中存在的突出矛盾和迫切需求，如资源环境约束、各类腐败问题等
政策标准	● 社会责任国际主流标准，如 ISO26000、GRI Standards 等 ● 社会责任国内主流标准，如中国社科院《中国企业社会责任报告指南》、国家标准委《社会责任指南（GB/T36000）》等 ● 政府部门的社会责任政策要求，如国务院国资委《关于国有企业更好履行社会责任的指导意见》、中国保监会《关于保险业履行社会责任的指导意见》等 ● 资本市场的社会责任政策要求，如香港联交所《环境、社会及管治报告指引》、沪深两市《关于进一步完善上市公司扶贫工作信息披露的通知》等 ● 行业协会的社会责任倡议标准，如中国集团公司财务公司协会《社会责任公约》
利益相关方关注点	● 各职能部门日常工作中与利益相关方的沟通交流，如人力资源部与员工的沟通，采购部与供应商的沟通，GR部门与政府的沟通等 ● 专门的利益相关方沟通交流活动，如中国石化每年举办多期企业公众开放日 ● 专门的利益相关方沟通交流会议，如专题性或综合性的圆桌会议 ● 利益相关方调查，如企业社会责任报告开设的意见反馈专栏 ● 与社会责任研究推进机构沟通交流，如与研究机构、行业协会等沟通，更加宏观和系统了解利益相关方对企业的诉求
企业经营管理实践	● 企业使命、愿景、价值观 ● 企业中长期发展战略 ● 企业社会责任专项发展战略 ● 企业经营管理制度 ● 企业通讯、报纸、刊物

（二）界定实质性议题

构建了社会责任议题清单后，企业可以通过"对企业可持续发展的重要性"

和"对利益相关方的重要性"两个维度,对议题进行排序,界定出实质性议题。如图 5-3 所示。

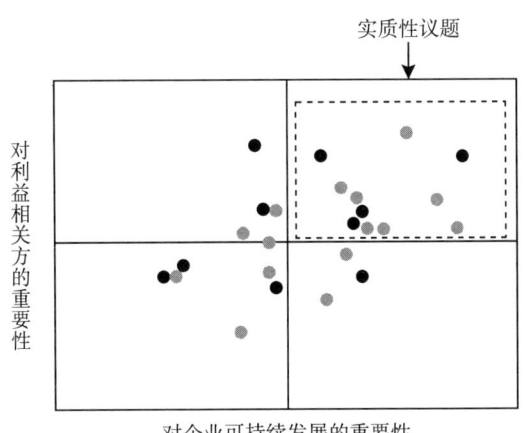

图 5-3　实质性议题筛选模型

如何判定议题对企业可持续发展的重要性以及对利益相关方的重要性,需要采取多种理论、工具和方法。要判断议题对利益相关方是否重要,需要股东、客户、合作伙伴、政府、员工、社区代表等利益相关方的参与。可以采取有针对性的利益相关方访谈,也可大范围发放议题调查问卷,还可综合采取以上两种方式。要判断议题对企业可持续发展是否重要,则可参考表 5-5 的原则标准。

表 5-5　议题对企业可持续发展的重要性判别标准

类别	判别标准	重要性
服从区	底线要求,企业必须要做的事,否则会影响企业生存	五星
选择区	对企业品牌有价值,但对企业核心业务的促进作用不明显	一至四星
结构区	对社会有价值,但对企业价值不明显	一至四星
战略区	极富社会公共价值,又能发挥企业专业优势,强化自我,形成壁垒	五星

在初步筛选出一定规模的实质性议题后,应征询内外部专家意见,并依照专家意见进行微调,然后报送企业可持续发展领导机构审核批准。

在实质性议题得到企业可持续发展领导机构审批后,企业应对重大性议题进行应用和管理。在企业社会责任报告中集中重点披露实质性议题的界定过程和企业在实质性社会责任议题方面的管理、实践和绩效,并对议题进行定期更新升级。

四、启动

（一）召开启动会

启动会是社会责任报告编制的重要环节和仪式，需要企业高层领导出席，报告编制工作组全体成员参加。启动会主要完成两项工作，即能力培训和工作部署。

1. 能力培训

在启动会上对全体人员进行培训。对于初次编写报告的企业，或是社会责任工作联络人以新接手员工为主的企业，重点培训什么是社会责任和社会责任报告、为什么要履行社会责任和发布社会责任报告、如何履行社会责任和编制社会责任报告等。对于连续多年编写报告的企业，或是社会责任工作联络人以有经验员工为主的企业，重点培训社会责任发展的宏观形势、企业社会责任理论与实践最新进展、热点社会环境议题发展现状等。普及并不断深化其对社会责任的认识。

2. 工作部署

在启动会上，企业要做详细工作部署。主要包括：

● 高层领导就企业履行社会责任和社会责任报告编制相关工作的重要性阐明立场，并明确工作的质量目标，统一思想；

● 牵头部门就社会责任报告编制思路和框架进行解读；

● 牵头部门就社会责任报告编制所需的各类素材要求进行说明和分工；

● 牵头部门就社会责任报告编制的时间进度进行说明，并明确关键时间节点。

（二）签发启动通知

随着社会责任报告编制工作的推进，一些领先的企业已经形成了稳定的团队、成熟的制度流程和高效的信息报送方法，通过现场会部署工作的必要性不再突出。与此同时，企业通过例行的内外部社会责任培训，建立了能力建设的有效机制，通过现场会进行能力培训的必要性也不再突出。因此，一些企业开始通过"签发启动通知"的方式来启动年度社会责任报告编制工作。通知要素包括：总体要求、组织及前期准备工作、编写内容要求、发布与传播要求、设计和咨询辅导等。

五、研究

（一）研究内容

社会责任报告是规范、专业、展现企业价值的沟通工具，在报告撰写前，企业必须围绕"规范性""专业性"和"价值性"进行基础研究，有大量报告撰写所必需的素材和方法，能够提升报告编写的质量和效率。研究的内容包括：

1. 指标体系

社会责任报告必须符合相关标准的规范性要求。企业可从权威性、针对性和操作性三个维度综合选择确定自身参考的报告编写标准。然后对报告参考标准中的具体指标进行研究，并围绕指标准备素材。具备条件的企业，可以研发企业自身的社会责任报告指标体系，将指标固化、内化。指标研发遵循以下原则：

● 综合参用国内外权威标准的指标内容；
● 与企业已有的经营管理指标尽量结合；
● 围绕主要业务板块策划企业特色指标；
● 区分定性指标和定量指标、短期指标和长期指标；
● 数量适中，每个指标都能有相应部门落地实施。

2. 工作亮点

工作亮点即企业在报告期内社会责任管理和实践领域的创新做法、突出成绩及典型案例，是企业经济、社会和环境价值的集中承载，是报告中需要着重突出的内容，梳理、总结和挖掘年度工作亮点意义重大。它涵盖责任管理、本质责任、市场责任、社会责任和环境责任等方方面面。梳理工作亮点秉承以下原则：

● 全人类共同关注和致力于解决的；

- 符合国家战略且取得成绩的；
- 有重大创新，引领行业甚至世界的；
- 有重大突破，显著弥补过往短板的；
- 形成了特色、体系和模式的；
- 具有高度社会、环境价值的。

3. 报告技巧

研究和采用丰富的报告编制技巧，能够显著提升社会责任报告出彩的概率。企业在编制报告过程中需要重点把握的编制技巧包括：

- 如何体现报告的前瞻性与引领性；
- 如何（建模）体现报告的理论性与系统性；
- 如何确定报告主题，并使主题成为主线；
- 如何搭建报告体例，并使体例成为暗线；
- 如何处理"简明扼要"与"生动表达"之间的关系；
- 如何处理"共性"与"个性"之间的关系；
- 如何处理"传承"与"创新"之间的关系；
- 如果处理"国际化"与"本土化"之间的关系；
- 如何提升报告的交互性；
- 如何与众不同。

（二）研究方法

为全面深入了解指标、亮点工作和报告技巧，企业可综合采用文献分析、调研访谈和对标研究方法。其中：文献分析主要对应指标和亮点工作研究；调研访谈主要对应亮点工作研究；对标研究主要对应报告技巧研究。

1. 文献分析

研究报告指标时，参考文献主要包括社会责任国际主流标准、社会责任国内主流标准、政府部门和资本市场的社会责任政策要求、行业协会的社会责任倡议标准、其他研究机构的标准、企业自身经营管理指标等。

研究工作亮点时，参考文献主要包括：

- 董事长、总经理年度重大会议讲话（如半年工作会、年度工作会）；
- 职能部室年度工作总结；

- 下属单位年度工作总结；
- 专题简报（如安全生产、节能减排、精准扶贫等）；
- 报纸、刊物；
- 企业志及其他内部出版物；
- 重要影像资料（如企业宣传片）；
- 其他。

2. 调研访谈

从报告编制的角度看，调研访谈的主要目的是挖掘企业年度社会责任工作亮点。除此之外，一些部门也可利用调研访谈的机会，向被调研、被访谈单位和对象进行社会责任理念宣贯和社会责任工作意见征求等。调研访谈的对象包括企业高层领导、职能部室、下属单位和利益相关方。调研访谈纲要如表5-6所示。

表5-6 企业社会责任报告编制调研访谈纲要

对象	纲要
高层领导	● 社会责任面临的机遇和挑战 ● 社会责任理念、愿景 ● 社会责任战略和目标 ● 社会责任重点工作 ● 社会责任报告的定位和要求
职能部室和下属单位	● 年度主要工作进展 ● 相关责任议题实践情况 ● 社会责任典型案例 ● 对社会责任工作的意见建议 ● 对社会责任报告的意见建议
利益相关方	● 相关方基本情况介绍 ● 与之相关的企业社会责任实践具体情况 ● 对企业社会责任工作的评价 ● 对企业社会责任工作的期待 ● 对企业社会责任报告的意见和建议

3. 对标研究

对标是社会科学中经常采用的研究方法。对标研究的关键在于，确定与谁对标及对标什么，即选取对标对象和对标维度。社会责任报告对标的维度主要参考报告技巧的研究内容，如报告主题选取、框架搭建、体例设计、表达方式等。除此之外，企业在对标报告写作技巧的过程中，也可就相关企业的社会责任管理情况进行对标，为提升企业社会责任管理水平奠定基础。选取对标对象原则是：

- 社会责任工作领先企业，如中国社会责任发展指数领先企业、入选 DJSI 企业等；
- 社会责任报告获奖企业，如社科院五星级报告、CRRA 获奖报告企业等；
- 行业中影响力大的企业，如行业中规模前 5 企业；
- 国内与国外企业兼顾，适度侧重国外企业；
- 行业内与行业外企业兼顾，适度侧重行业内企业；
- 对标对象在精不在多，深度对标的企业数量控制在 10 家左右为宜。

六、撰写

（一）确定撰写方式

根据社会责任发展的不同阶段和实际情况，企业可以采取两种报告撰写方式，即核心团队撰写（牵头部门＋外部专家）和部门分工撰写，具体如表 5-7 所示。

表 5-7 报告撰写方式

类别	释义	适合企业	关键要素	优点
核心团队撰写	以社会责任牵头部门和外部专家组成的核心团队为主，撰写社会责任报告。职能部室和下属单位负责提供素材和审核内容	起步期企业	深度挖掘素材 精准语言表述	降低风险 提高效率
部门分工撰写	以职能部室为主，按职能条线分工撰写社会责任报告。核心团队规定编制要求，制定版位表，开展培训和汇总统稿。下属单位向集团各职能部室分别提供相关素材支撑并审核内容	成熟期企业	稳定的人员 精确的版位表 高质量的培训 强有力的管控	完善机制 形成合力 培育文化

（二）明确撰写流程

社会责任报告从初稿撰写到文字定稿，是多次修改完善、数易其稿的结果。基本流程为：素材搜集→报告分工→初稿撰写→初稿研讨→素材补充→修改完善→报告统稿→部门会审→修改完善→领导审核→修改完善→文字定稿。

(三) 搜集撰写素材

充足、有针对性的素材是报告质量的保证。企业在收集报告编写素材时可采用但不限于下发资料收集清单和开展研究（见第五部分）的方式。资料清单的要点是：

● 针对不同部门和单位制作针对性清单；

● 内容包括定量数据、定性描述（制度、举措）、优秀案例、利益相关方评价、照片和影像等；

● 填报要求要清楚、翔实，如数据要规定年限，定性描述要规定描述的维度和字数；

● 优秀案例要规定案例的撰写要素和字数，图片要规定大小等；

● 有明确的填报时间要求；

● 明确答疑人员及其联系方式。

资料清单模板：××公司社会责任报告数据、资料需求清单

填报单位：

人力资源部填报人：

审核人：

一、填报说明

二、数据指标

编号	指标	2014 年	2015 年	2016 年	备注
1	员工总数（人）				
2	劳动合同签订率（%）				
……	……				

三、文字材料

1. 公平雇佣的理念、制度及措施

2. 员工培训管理体系

……

> 四、图片及视频资料
>
> 1. 员工培训的图片
>
> 2. 文体活动图片
>
> ……
>
> 五、贵部门认为能够体现我公司社会责任工作的其他材料、数据及图片
>
> ……
>
> 六、案例样章
>
> ……

七、发布

(一) 选择发布时间

为确保社会责任报告的时效性,原则上一般在每年的 6 月 30 日前发布上一年度社会责任报告,但没有强制要求。另外,资本市场对上市公司社会责任报告发布时间有一定要求,如上海证券交易所要求上市公司与年报同步发布社会责任报告,香港联合交易所要求上市公司在年报发布 3 个月内发布社会责任报告。除此之外,企业可根据自身需要,灵活选择社会责任报告发布时间。发布时间结合公司重大纪念日或全球、国家的主题节日能够产生较为广泛的社会影响。

(二) 确定发布方式

当前,社会责任报告最主要的发布方式有两种:一是挂网发布;二是召开发布会。同时,企业还可根据需要进行重点发布,如表 5-8 所示。

表 5-8 社会责任报告发布方式

类别	释义	优点	缺点
网络发布	将定稿的电子版报告上传企业官网或以官微推送,供利益相关方下载阅读。这是报告最常见的发布方式	成本低 难度小	影响小

续表

类别	释义	优点	缺点
召开发布会	可分为专项发布会和嵌入式发布会。专项发布会即专门为发布报告筹备会议，邀请嘉宾和媒体参与；嵌入式发布会即将报告发布作为其他活动的一个环节，如企业半年工作会、企业开放日等	影响大	成本较高 工作量较大
重点发布	对于重要（高度关注企业或企业高度关注）的利益相关方，将社会责任报告印刷版直接递送或将社会责任报告电子版或网站链接通过邮件推送	影响精准	需跟其他方式组合发布

（三）策划发布会

企业必须对发布会进行精心策划，才能达到理想的效果。通常包括嘉宾策划、材料策划、宣传策划、设计策划、会务策划等，如表5-9所示。

表5-9 发布会考虑要素

要素	释义
嘉宾	企业内外VIP嘉宾邀请、参会嘉宾邀请等
材料	议程、邀请函、领导讲话稿、主持词、流程PPT、现场展示材料等
宣传	媒体邀请、预热稿、新闻通稿、后期系列宣传稿等
设计	主视觉、现场展板、KT板、易拉宝等
会务	场地、礼仪、物料、餐饮、小礼品等

八、总结

（一）准备复盘材料

对报告编制的全过程进行回顾，对报告预设目标的达成情况进行评估，对内容和形式上的创新与不足进行总结。既是报告编制流程管理的必要环节，也是循环提升报告编制质量的有效方式。复盘材料应包括但不限于以下内容：

● 报告编制全流程工作回顾；
● 报告的主要创新点；

- 报告取得的成绩；
- 报告编制存在的不足（包括流程控制、沟通协调、内容形式、沟通传播等）；
- 下一年报告编制工作的初步设想；
- 下一年社会责任整体工作的初步设想。

（二）召开复盘会议

复盘材料准备完毕后，择机召开报告复盘会。在组织复盘会时应注意考虑以下因素：

- 复盘会时间：原则上在报告发布1个月内。
- 复盘会参与人员：核心团队（牵头部门＋外部专家）必须参加，高层领导原则参加，工作组其他人员（职能部室、下属单位、利益相关方）建议参加。
- 复盘会形式："工作负责人主题发言+参会人员充分讨论"。
- 复盘会结果：形成会议总结和工作决议。

（三）反馈复盘结果

在报告编制复盘会后，企业应向外部利益相关方和内部相关职能部室和下属单位进行反馈。反馈的主要形式包括但不限于会议、邮件、通讯等。反馈的内容主要是本次报告对内外部利益相关方期望的回应、报告编制工作的得失和未来社会责任报告编制及社会责任整体工作的行动计划。

第六章 报告价值管理

近年来,关于社会责任报告的价值,学术界与企业界进行了诸多探讨和梳理。比较为人们所接受的观点是:社会责任报告可以起到"内质外形",即"内强管理""外塑形象"的作用。中国社科院企业社会责任研究中心也曾归纳企业社会责任报告的六大工具性价值,即是传播企业品牌形象的工具、塑造与传播企业文化的工具、实施目标管理的工具、管理企业风险的工具、传递外部知识的工具、与利益相关方沟通的工具。由此可见,对于社会责任报告的价值问题,社会关注由来已久,且已达成基本共识。

遗憾的是,社会责任报告的价值长期以来只是一个逻辑自洽的理论推导。虽然在概念上为人们所接受,但对报告究竟是如何发挥价值的、该如何更好地发挥报告的价值却一直鲜有深入研究。因此,企业在实践的过程中,没有系统指引,只能艰难探索,而取得的成效也千差万别:发挥了社会责任报告价值的企业,以报告为牵引,实现了管理和品牌的双提升,社会责任工作的系统性、创新性不断增强,已进入了"内生驱动""协调发展"的新阶段;没有发挥社会责任报告价值的企业,报告失去了生命力,或勉强维持,或干脆终止,社会责任工作也陷入了没有抓手,也没有成效和亮点的境地。

社会责任报告的价值就是其"有用性",它是企业编制社会责任报告的出发点和落脚点,是社会责任报告的"生命力"所在。支持编制社会责任报告的企业,驱动力各不相同;不支持编制社会责任报告的企业,原因只有一个——认为报告没有价值或是价值不明显。"报告天然有价值,但并不自然发挥价值"。梳理报告的价值,并通过开展系统的价值管理,进而最大程度地发挥报告的价值,是《指南4.0》的重要内容和突破。如图6-1所示。

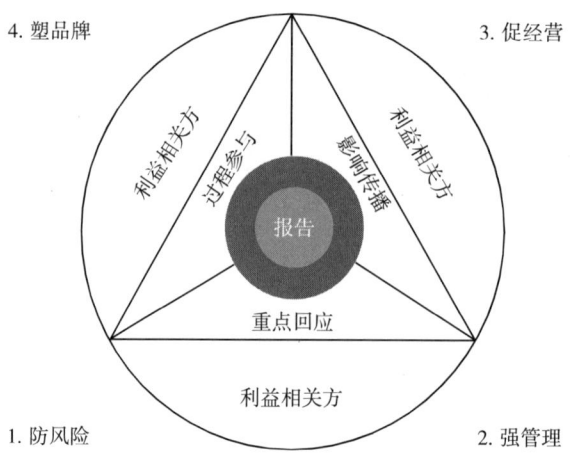

图 6-1 企业社会责任报告价值管理模型

一、价值生态

（一）价值类型

综合当前社会各界对社会责任报告的价值研究及社会责任发展的最新趋势和特点，社会责任报告的价值归纳起来可以分成四类，即"防风险"价值、"强管理"价值、"促经营"价值和"塑品牌"价值。

● "防风险"指通过编制和发布社会责任报告，满足政府、行业协会、资本市场、研究机构、社会组织、新闻媒体等利益相关方对于企业信息披露的强制、半强制或倡导性要求，避免"合规风险"和"声誉风险"。

● "强管理"指通过编制和发布社会责任报告，在全流程工作推进过程中提升责任管理水平（"以编促管"）；同时，在宣贯理念、发现短板、解决问题过程中强化基础管理水平，进而促进企业持续、健康发展。

● "促经营"指通过编制和发布社会责任报告，为资本市场的研究、评级机构提供充分信息，获得资本市场好评，提升投融资能力和效率；同时，通过对重点项目、重点产品社会环境影响的梳理，提升其影响力。

● "塑品牌"指通过编制和过发布社会责任报告，传递企业社会责任理念、愿景、价值观以及履责行为和绩效，展现企业负责任形象，提升品牌美誉度。

（二）价值机制

社会责任报告回应了谁、影响了谁、改变了谁是讨论社会责任报告价值的基础。社会责任报告的价值可以通过重点回应、过程参与和影响传播三种方式来实现。

重点回应：社会责任报告有两个鲜明属性：第一，是企业社会责任管理的重要抓手，它被理解为企业关注和开展社会责任工作的象征性"动作"。第二，是企业披露社会环境信息、与利益相关方沟通的重要工具和载体。随着社会责任运动的持续推动，政府部门、资本市场、行业协会等强势利益相关方推动企业履行社会责任、披露社会环境信息、发布社会责任报告，可以有效回应这些要求。

过程参与：参与是社会责任的题中之义。如社会责任报告过程管理章节所述，在编制社会责任报告的过程中，有8个重要环节。让各种类型的利益相关方在适当的环节参与社会责任报告编制过程，能够实现以报告"为表"，以社会责任管理与实践"为里"的沟通交流，让利益相关方更加了解企业、理解企业和支持企业。

影响传播：从技术上讲，企业需要重点回应的利益相关方和能够参与到社会责任报告编制流程的利益相关方只占少数。面对广大的社会公众群体，只有畅通报告的到达渠道，提升报告的可及性、趣味性和交互性，才能让更多的利益相关方知晓企业的经营管理情况和社会责任履行情况，最大程度地"润物细无声"。

（三）价值媒介

社会责任报告是内容和过程的载体。社会责任报告要发挥其价值，必须以利益相关方为媒介。在社会责任领域，利益相关方指受企业经营影响或可以影响企业经营的组织或个人。企业的利益相关方通常包括投资者、顾客、合作伙伴、政府、员工、社区、NGO、媒体等。广义上讲，这些群体也是社会责任报告的主要利益相关方。

由于利益相关方较多，企业无论通过哪种方式来发挥社会责任报告价值，都应该首先按照主动沟通意向和被动沟通频率进行关键利益相关方识别。对企业具有"高意向高频率""中意向高频率""高意向中频率"和"中意向中频率"的利益相关方，企业在重点回应、过程参与和影响传播时需重点关注；对企业具有"高意向低频率"和"低意向高频率"的利益相关方，企业在重点回应、过程参与和影响传播时争取给予关注；对其他利益相关方，企业重点做好后端的影响传播工作。如图6-2所示。

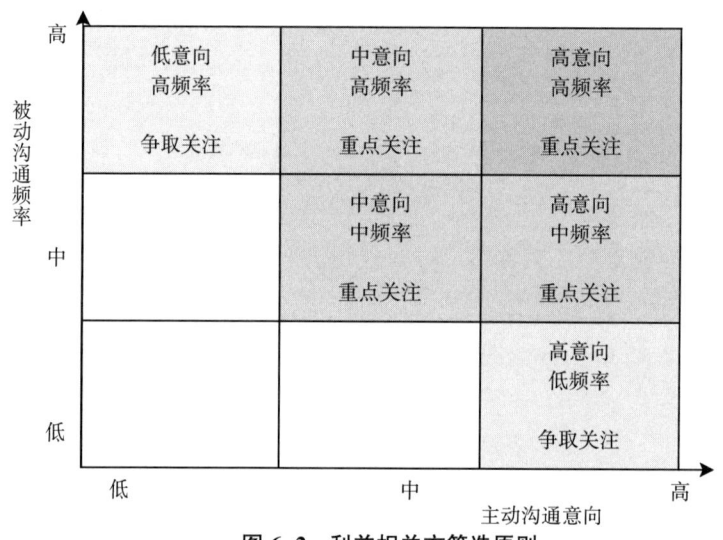

图6-2 利益相关方筛选原则

从社会责任报告的实际出发，报告的利益相关方还可划分为内部利益相关方和外部利益相关方。根据其与社会责任报告联系的紧密程度（重要性），内部利益相关方依次包括主要领导、职能部门及下属企业社会责任联络人、普通员工；外部利益相关方依次包括社会责任监管部门、社会责任专业机构及专家学者和社会公众。

二、重点回应

重点回应是指针对社会责任工作的政策制定者、理论研究者、舆论引导者等强势利益相关方，就编制社会责任报告的意愿、过程或结果与之进行专门交流，回应其要求。

（一）回应政府部门

政府部门的大力推动是中国企业社会责任快速发展的重要原因，也是现阶段中国企业社会责任发展的重要特征。当前，国务院国资委、工业和信息化部、环境保护部、国家工商总局、国务院扶贫办、中国银监会、中国保监会等政府部门都出台了有关企业社会责任的政策规定和相关指引，在广义社会责任或其专门领域对企业提出明确要求。

报告对政府部门的重点回应可从以下几方面开展：
- 以积极的态度推进社会责任报告编制和发布工作，彰显责任担当；
- 参照相关部门出台的社会责任政策、指引和规定；
- 就相关部门主管的、全社会广泛关注的、企业积极践行的重要社会责任议题（如精准扶贫、生态文明、"一带一路"等）进行重点阐述或发布专项报告。

（二）回应资本市场

2006年，深圳证券交易所发布《深圳证券交易所上市公司社会责任指引》。2008年，上海证券交易所发布《关于加强上市公司社会责任承担工作暨发布〈上海证券交易所上市公司环境信息披露指引〉的通知》对A股上市公司履行社会责任和披露社会环境信息提出要求。2015年，香港联合交易所发布《环境、社会及管治报告指引》，将社会责任信息披露要求提升为"不披露就解释"。2016年12月，上交所发布《关于进一步完善上市公司扶贫工作信息披露的通知》，进一步发挥上市公司在服务国家脱贫攻坚战略中的作用，完善上市公司扶贫相关信息披露。经过十年酝酿发展，社会责任投资（SRI）在我国取得重大突破。中国证监会、中国上市公司协会、中国证券投资基金业协会等机构研究论证了ESG投资与企业长期收益之间的正相关关系，并开始针对性研究制定机构投资者ESG投资指引和上市公司社会责任信息披露要求。2017年6月，A股被闯关MSCI指数成功，我国上市公司社会责任信息披露的重要性进一步提升。而在海外上市的中国企业，已经并将继续面临更加严格的社会责任及信息披露要求。

报告对资本市场的重点回应可从以下几方面开展：
- 按照资本市场主管部门要求，主动发布社会责任报告；
- 根据证券交易所的要求，按时编制发布社会责任报告；

- 按照资本市场相关标准和指引，规范披露社会、环境信息；
- 接受资本市场相关主体对社会责任报告披露信息的质询。

（三）回应行业协会

行业协会对企业社会责任的推动是当前我国企业社会责任发展的另一个重要的动力和特征。中国工业经济联合会、中国银行业协会、中国汽车工业协会、中国纺织工业联合会、中国煤炭工业协会、中国建材联合会、中国通信企业协会、中国旅游饭店业协会、中国林产工业协会、中国期货业协会等诸多行业协会在推动相关企业履行社会责任的过程中扮演了重要的角色，并取得较好成绩。

报告对行业协会的重点回应可从以下几方面开展：
- 支持和参与行业协会社会责任报告编制；
- 按照行业协会社会责任标准和指引编制社会责任报告；
- 参与行业协会社会责任报告相关的评级评价；
- 参与行业协会社会责任报告相关的会议和论坛；
- 参与行业协会社会责任报告集中发布。

（四）回应科研机构

近年来，全球范围内的社会责任运动得到了学术界的广泛关注。当前，科研院所广泛设置社会责任研究机构、开设社会责任相关课程、发布社会责任研究成果，成为支撑我国企业社会责任发展的理论高地。比如中国社科院经济学部企业社会责任研究中心自2008年成立以来，在社科院开设了MBA社会责任必修课，组织开展了"分享责任——公益讲堂"和"分享责任——首席责任官"培训；连续9年发布《企业社会责任蓝皮书》，成为国内外利益相关方了解中国企业社会责任发展现状的一扇窗口。

报告对科研机构的重点回应可从以下几方面开展：
- 按照科研机构的标准和指引编制社会责任报告；
- 按照外部机构的意见和建议编制社会责任报告；
- 参与科研机构社会责任报告评级评价；
- 参与科研机构组织的社会责任报告相关会议和论坛；
- 在科研机构的教育教学和培训活动中分享社会责任报告；

● 与科研机构合作开展社会责任报告标准、指南的研发。

（五）回应新闻媒体

在互联网技术高速发展的今天，新闻媒体的推动和监督是企业社会责任发展的重要力量。如新华网、人民网、中国新闻社、南方周末、公益时报等主流媒体，每年会发布社会责任研究成果，召开社会责任峰会并评选社会责任先进个人、企业和项目等，数量多、规模大、影响广，是企业社会责任领域的重要参与者。

报告对新闻媒体的重点回应可从以下几方面开展：

● 邀请媒体参加社会责任报告发布会；
● 参与新闻媒体组织的社会责任报告相关会议和论坛；
● 与媒体联合主办社会责任报告交流活动。

三、过程参与

过程参与是指在社会责任报告编制的全生命周期，通过多种方式，让利益相关方参与到报告编制的过程中，实现以报告"为表"，以社会责任工作"为里"的沟通交流。

● 了解利益相关方期望，在社会责任报告中针对性回应；
● 发挥利益相关方优势（智力、技术等），解决报告编写过程中的困难和挑战；
● 传播企业社会责任理念、战略、文化，改变和提升利益相关方对企业的认识；
● 沟通企业社会责任工作的困难和不足，征得利益相关方的谅解和支持；
● 通过在报告编写过程中建立双方信任基础，影响利益相关方的观点和决策。

(一) 内部参与

与社会责任报告相关的内部利益相关方包括高层领导、职能部门和下属单位的社会责任联络人以及普通员工。

1. 高层领导参与

企业社会责任被称为"一把手工程",在编制社会责任报告的过程中,高层领导的参与十分重要。第一,高层领导的参与可以被理解为企业对社会责任报告编制的重视,便于社会责任部门在报告编制过程中更好地去整合各种资源,提升工作效率;第二,高层领导参与报告编制过程,通过与各利益相关方的交流,能够提升其对社会责任工作及社会责任报告编制重要性的认识程度,便于企业在经营管理的过程中给予社会责任更多的重视,从而实现社会责任的战略价值;第三,高层领导参与社会责任报告编制过程,能够发现企业在经营管理方面的缺失和不足,促使企业有针对性地加强在各个责任领域的管理,提升企业管理水平,从而达到"以报告促管理"的目的。

高层领导参与报告编制的途径主要包括:

- 参加报告启动会及培训会;
- 接受报告编写小组的访谈;
- 填写利益相关方调查问卷;
- 为报告撰写卷首语或致辞;
- 审核报告并定稿;
- 参与报告发布。

2. 社会责任联络人参与

社会责任报告撰写,离不开各部门、下属单位的配合与支持。分散在各部门、下属单位的社会责任联络人,既可以提供报告编写所需的各类素材,确保报告内容的准确性,同时,他们参与到社会责任报告的编制工作中,也能够提升其社会责任认识和水平,成为企业内部的责任火种,为责任管理与实践的推动、责任文化的建设奠定重要基础。

社会责任联络人参与报告编制的途径主要包括:

- 参加报告启动会及培训会;
- 按照要求为社会责任报告提供素材;

- 撰写社会责任报告的相关内容；
- 参与报告重大节点的讨论；
- 参与报告发布；
- 参与报告复盘；
- 填写利益相关方调查问卷；
- 参与报告相关内容的网络投票；
- 参与报告发布；
- 反馈报告意见。

3. 普通员工参与

广大企业员工是社会责任最庞大的内部利益相关方。以一定的方式，调动他们参与社会责任报告的编制过程，既能提升企业内部对社会责任报告的认同度；又能真正培育负责任的企业文化，增强企业的责任凝聚力和自豪感。

普通员工参与报告编制的途径主要包括：

- 填写利益相关方调查问卷；
- 参与报告相关内容的网络投票；
- 参与报告发布；
- 反馈报告意见。

(二) 外部参与

与社会责任报告相关的外部重要利益相关方包括外部专家、社会责任监管部门和普通读者。

1. 外部专家参与

社会责任专家是社会责任的研究者和推动者。外部专家参与社会责任报告编制过程，能够有效提升社会责任报告的质量和社会责任报告编制工作的效率；与此同时，社会责任专家对于社会责任报告的趋势和编制技巧有深入研究和丰富实践，能够为企业带来最新的外部知识。外部专家在开展社会责任研究和交流的过程中，可以对企业社会责任报告的亮点进行展示和传播，提升企业社会责任报告的影响力。

外部专家参与报告编制的途径主要包括：

- 与企业组成联合项目组；

- 担任报告顾问；
- 接受报告编制组访谈；
- 填写利益相关方调查问卷；
- 参与报告研讨；
- 参与报告发布；
- 对报告进行点评。

2. 社会责任监管部门参与

社会责任监管部门是政策和标准的制定者。在社会责任报告编制的过程中，尽可能邀请社会责任监管部门人员参加，可以起到重点沟通、精准影响的作用，进而显著提升社会责任报告的价值。

社会责任监管部门参与报告编制的途径主要包括：

- 报告撰写过程中，邀请主管部门人员接受调研访谈；
- 报告撰写过程中，邀请主管部门人员参与报告研讨；
- 报告撰写完成后，邀请主管部门人员进行报告点评；
- 报告撰写完成后，邀请主管部门人员参加报告发布会。
- 报告撰写完成后，向主管部门寄送社会责任报告并汇报报告编制情况。

3. 普通读者参与

如何摆脱社会责任报告"写谁谁看"和"谁写谁看"的窘境，让普通读者愿意读报告？让其参与报告编制过程是重要的途径。普通读者参与到报告的编制过程，不仅能够提升报告回应社会环境问题的准确性，提升报告的影响力，也能够树立企业负责任的品牌形象，让社会公众更加了解和支持企业的经营发展。

普通读者参与报告编制的途径主要包括：

- 填写利益相关方调查问卷；
- 参与报告相关内容的投票；
- 反馈报告意见；
- 参与报告相关的策划活动。

(三) 参与矩阵

全生命周期参与矩阵如表 6-1 所示。

表 6-1　全生命周期参与矩阵

	参与主体	参与方式
组织	高层领导 外部专家 牵头部门 社会责任联络人	成立联合工作组
策划	高层领导 外部专家 牵头部门	成立联合工作组 专题小组
界定	原则上全体利益相关方	问卷调查 意见征求会
启动	高层领导 外部专家 牵头部门 社会责任联络人	启动暨研讨会
研究	外部专家 牵头部门	成立联合工作组
撰写	高层领导 外部专家 牵头部门 职能部门 下属单位	问卷调查 调研访谈 意见征求会 研讨会
发布	原则上全体利益相关方	发布会

四、影响传播

社会责任报告编制完成后,让它尽量广泛地影响利益相关方,是发挥报告价值的重要手段。要让报告为社会公众所了解,可以从形式、交互和渠道三个维度着手。

（一）创新形式

创新形式指对传统的社会责任报告进行"二次开发"，将常规报告转化为更加容易阅读的形式，满足现代社会人们的阅读习惯和阅读偏好。

1. 简版报告

在常规报告基础上，对各章节的重点、亮点内容进行筛选、组合与提炼。形成 10 页左右的精要内容，并重新设计、排版。让报告更加便携、易读。或是按照联合国全球契约的倡导，编制只披露社会责任年度工作进展的 COP 报告。

2. 图片报告

在传统报告基础上，按照"简版报告"的制作方式，对重点和亮点内容进行提炼，并在此基础上，按照"一张图读懂"的方式，对内容进行设计排版，形成图片报告。与简版报告相比，图片报告更为"简洁"，阅读性更好，但对文字提炼和设计排版的要求高。近年来，"一张图读懂报告"已经为很多企业所尝试，比如中国电子、三星中国等。

3. H5 报告

应用最新的第 5 代 HTML 技术，将传统的纸质报告或 PDF 报告，转换成为适合通过手机微信展示、分享的报告，可以集文字、图片、音乐、视频、链接等多种形式于一体。随着数量的增多，提升 H5 页面的制作效果，增加互动性和趣味性成为 H5 报告的新趋势。

4. 视频报告

视频报告是把社会责任的主要内容制作成以动画为主的视频形式。视频以清晰的脉络、生动的表达、简短的时间把企业履行社会责任的理念、管理、实践和绩效呈现在利益相关方面前，更具沟通性。视频报告使用环境灵活，沟通效果突出，已成为企业社会责任报告形式创新的重要方向。

5. 宣传文章

以报告为基本素材，组织和策划系列宣传文章，在传统媒体、新媒体和自媒体上进行投放，提升社会责任报告的影响力。

（二）增加交互

现代社会，人们被海量信息包围。一件事物要想吸引大众注意，必须具备两个条件,第一是互动性,第二是趣味性。归根结底,就是要提升交互性。社会责任报告也是如此。

1. 增强互动性

企业社会责任报告是一个综合信息载体。精准找到报告与每一类利益相关方的强关联性,就能有效激发相关方阅读报告的热情,进而提升社会责任报告的影响传播范围。

2. 增强趣味性

无论何种形式的报告,"好玩"都是公众愿意去阅读的重要前提。企业应该努力将社会责任报告与人们生活中喜闻乐见的事物相结合,让读者在愉快的氛围中阅读报告。

(三) 拓展渠道

报告要影响到利益相关方,必须通过一定渠道。除了编写过程中经常使用的"报告专家意见征求会"和"报告发布会"等渠道外,拓展报告传播渠道的方式还有巧借平台、参与评级、建设网站、制作报告相关产品和在工作中使用报告等。

1. 巧借平台

借用不同平台发布社会责任报告是提升报告影响力的有效途径。包含以下方式:第一,借用内部平台,在企业重大活动中开辟专门环节发布社会责任报告。如一些企业在半年工作会上发布报告,一些企业在公司纪念日活动上发布报告等。第二,借用外部平台,通过参与大型企业社会责任会议和论坛,多次发布企业社会责任报告。

2. 参与评级

当前,国内关于社会责任报告评级时间最长、专业性最强、影响力最大的是中国社科院经济学部企业社会责任研究中心自2010年以来组织开展的"中国企业社会责任报告评级"。目前评级已形成了评级报告、评级档案、评级证书、评级网站、报告白皮书五位一体成果体系,在研究、交流、展示过程中对评级企业的社会责任报告进行系统传播。

3. 建设网站

以企业社会责任报告的框架、内容为蓝本,并辅之以不同形态的社会责任报告版本，建设社会责任报告专门网站，将线下报告线上化，拓展报告传播渠道，提升报告影响力。

4. 制作报告相关产品

将报告内容巧妙附加在有使用价值的日常办公和交流材料如笔记本、U盘上，以此提升社会责任报告的可及性和影响频次。

5. 在工作中使用报告

推动报告的使用。包括：第一，用社会责任报告替代部分企业宣传册的功能；第二，向各部门、下属单位发放社会责任报告，倡导其在对外交流合作中使用社会责任报告，传播负责任的企业形象；第三，在公共空间放置社会责任报告，供利益相关方取阅等。

第七章 报告质量标准

《指南1.0》和《指南2.0》时代，社会责任报告的重点聚焦在内容本身。相应地，报告的质量标准主要围绕报告内容展开，包括实质性、完整性、平衡性、可比性、可读性与创新性（六性）。《指南3.0》开启了报告全生命周期管理时代，对报告的关注不再局限于内容，而是开始关注报告编制流程对社会责任管理工作的促进作用。倡导企业做实报告流程，以达到"以编促管"的目的。相应地，报告的质量标准增加了报告过程性（七性）。

随着社会责任报告实践的深入，《指南4.0》提出了报告价值管理的主张，弥合了报告生态中最重要的一环，从而形成内容、流程和价值的综合指南，一本好的报告的标准也呼之欲出，那就是内容翔实、精准、坦诚，流程完整、扎实，价值得到最大程度发挥，最后在内容、流程和价值方面有某种程度的创新和突破。因此，《指南4.0》提出了"四维"报告质量标准，即内容维度、流程维度、价值维度和创新维度。

由《指南3.0》的"七性"到《指南4.0》的"四维"，不仅是报告质量标准体系的优化和发展，更是对社会责任报告认识的深化。《指南4.0》完整回答了为什么要编制社会责任报告（价值）、如何编制社会责任报告（流程）、编制什么样的社会责任报告（内容），而新的思想、新的尝试、新的突破是无论何时都需要的（创新）。由此，构成了一个逻辑清楚、层次分明的社会责任报告工作生态系统。

一、内容标准

（一）实质性

1. 定义

实质性是指报告披露企业可持续发展的关键议题以及企业运营对利益相关方的重大影响。利益相关方和企业管理者可根据实质性信息做出充分判断和决策，并采取可以影响企业绩效的行动。

2. 解读

企业社会责任议题的重要性和关键性受到企业经营特征的影响，具体来说，企业社会责任报告披露内容的实质性由企业所属行业、企业性质、经营环境和企业的关键利益相关方等决定。

3. 评估方式

● 内部视角：报告议题与企业经营战略的契合度。

● 外部视角：报告议题是否关注了重大社会环境问题；报告议题是否回应了利益相关方的关注点。

（二）完整性

1. 定义

完整性是指社会责任报告所涉及的内容较全面地反映企业对经济、社会和环境的重大影响，利益相关方可以根据社会责任报告知晓企业在报告期间履行社会责任的理念、制度、措施以及绩效。

2. 解读

完整性从两个方面对企业社会责任报告的内容进行考察：一是责任领域的完整性，即是否涵盖了责任管理、经济责任、社会责任和环境责任；二是披露方式的完整性，即是否包含了履行社会责任的理念、制度、措施及绩效。

3. 评估方式

● 标准分析：是否满足了《中国企业社会责任报告指南（CASS-CSR4.0)》等标准的披露要求。

● 内部运营重点：是否与企业战略和内部运营重点领域相吻合。

● 外部相关方关注点：是否回应了利益相关方的期望。

（三）平衡性

1. 定义

平衡性是指企业社会责任报告应中肯、客观地披露企业在报告期内的正面信息和负面信息，以确保利益相关方可以对企业的整体业绩进行准确的评价。

2. 解读

平衡性要求是为了避免企业在编写报告的过程中对企业的经济、社会、环境消极影响或损害的故意性遗漏，影响利益相关方对企业社会责任实践与绩效的判断。

3. 评估方式

考查企业在社会责任报告中是否披露了实质性的负面信息。如果企业社会报告未披露任何负面信息，或者社会已知晓的重大负面信息在社会责任报告中未进行披露和回应，则违背了平衡性原则。

（四）可比性

1. 定义

可比性是指报告对信息的披露应有助于利益相关方对企业的责任表现进行分析和比较。

2. 解读

可比性体现在两个方面：纵向可比与横向可比，即企业在披露相关责任议题的绩效水平时既要披露企业历史绩效，又要披露同行绩效。

3. 评估方式

考查企业是否披露了连续数年的历史数据和行业数据。

(五) 可读性

1. 定义

可读性指报告的信息披露方式易于读者理解和接受。

2. 解读

企业社会责任报告的可读性可体现在以下几方面：
- 结构清晰，条理清楚；
- 语言流畅、简洁、通俗易懂；
- 通过流程图、数据表、图片等使表达形式更加直观；
- 对术语、缩略词等专业词汇做出解释；
- 方便阅读的排版设计。

3. 评估方式

从报告篇章结构、排版设计、语言、图表等各个方面对报告的通俗易懂性进行评价。

二、流程标准

(一) 组织

1. 定义

组织就是指为完成社会责任报告的编制工作，相互协作结合而成的团体。

2. 解读

组织是社会责任报告编写的保证，是社会责任报告编制工作的起点，贯穿于报告编写的全部流程。强有力的组织，不仅能够保证报告编制工作的高效开展，也能够有效支撑和促进企业社会责任管理工作的进行。

3. 评估方式

组织评估方式如表 7-1 所示。

表 7-1　组织评估方式

组织	成立报告编制工作组
	高层领导参与、领导和统筹报告编制
	职能部门和所属单位参与、配合报告编制
	外部专家参与、指导报告编制
	工作组有完善的运作机制

（二）策划

1. 定义

策划就是为了最大程度地做好报告编制及其相关工作，遵循一定的方法或者规则，对未来即将发生的事情进行系统、周密、科学的预测并制订科学的可行性方案。

2. 解读

策划是系统的设计，对社会责任报告而言，首先要明确编制社会责任报告的主要目标，进而对报告编制工作进行近期与远期、形式与内容、主题与框架、创新与传承、单项工作与建章立制等方面的系统计划。

3. 评估方式

策划评估方式如表 7-2 所示。

表 7-2　策划评估方式

策划	清晰定位报告功能与价值
	就报告内容、形式和体系等做中长期计划
	制定报告的主题和框架
	明确报告的创新点
	制定报告管理制度与流程

（三）界定

1. 定义

界定是指对企业社会责任报告披露的关键议题，按照一定的方法和流程进行确定。

2. 解读

实质性是企业社会责任报告内容标准的要求,要确保报告内容的实质性,需要企业在社会责任报告编制的过程中进行实质性议题的界定。明确企业的核心社会责任议题,不仅能够用于社会责任的编制,也是企业开展社会责任管理与实践的重要基础。

3. 评估方式

界定评估方式如表 7-3 所示。

表 7-3　界定评估方式

界定	开展广泛的社会责任环境扫描
	构建科学、全面、与时俱进的议题清单
	就责任议题与利益相关方进行日常或专项沟通
	科学识别实质性议题
	建立实质性议题应用和管理机制

(四) 启动

1. 定义

启动是指年度社会责任报告编制工作的开始,报告启动意味着编制工作进入了正式环节。

2. 解读

报告启动是报告编制工作过程中的标志性事件。启动会的召开是为了达到统一思想、聚合资源、了解形势、分配任务、解答疑难的目的。高质量的启动会能够保证报告编制各个环节的质量和效率。

3. 评估方式

启动评估方式如表 7-4 所示。

表 7-4　启动评估方式

启动	召开报告编制启动会
	就社会责任报告理论、实践、趋势等进行培训
	讲解报告编制思路和推进计划
	建立信息化工作协同平台

(五) 研究

1. 定义

研究是指主动寻求社会责任报告的根本性特征与更高可靠性依据，为提高报告编制的可靠性和稳健性而做的工作。

2. 解读

工欲善其事，必先利其器。在报告动笔前，开展系统的研究，对企业年度社会责任素材、国内外优秀企业社会责任报告、国内外最新社会责任标准和倡议进行研究，并开展调研征求公司领导、职能部室、下属单位对报告的意见，可以最大化开拓报告思路，夯实报告的内容。

3. 评估方式

研究评估方式如表 7-5 所示。

表 7-5　研究评估方式

研究	消化吸收存量资料
	对标国内外优秀报告
	对高层领导进行访谈
	开展部门、所属单位访谈和调研

(六) 撰写

1. 定义

撰写即按照社会责任报告的内容原则、质量原则，结合前期的组织、策划、界定、启动、研究工作的结果，开展社会责任报告主体内容的写作。

2. 解读

撰写是一项系统工程，基本流程为：素材搜集→报告分工→初稿撰写→初稿研讨→素材补充→修改完善→报告统稿→部门会审→修改完善→领导审核→修改完善→文字定稿，是社会责任报告编制工作的主体。

3. 评估方式

撰写评估方式如表 7-6 所示。

表7-6 撰写评估方式

撰写	明确撰写方式
	确定撰写流程
	制作和下发材料

（七）发布

1. 定义

发布是指社会责任报告等通过报纸、书刊、网络或者公众演讲等文字和演讲的形式公之于众，向外界传输企业履责信息的过程。

2. 解读

报告发布是利益相关方获取报告信息的关键环节，发布的方式和渠道多种多样。企业发布质量的高低直接决定社会责任报告能够发挥价值的程度。

3. 评估方式

发布评估方式如表7-7所示。

表7-7 发布评估方式

发布	召开报告专家意见征求会
	召开报告专项发布会
	召开嵌入式报告发布会
	申请报告第三方评价、评级
	多渠道使用报告

（八）总结

1. 定义

总结是指社会责任报告一段落或全部完成后进行回顾检查、分析评价，从而肯定成绩、总结经验、找出差距、得出教训和一些规律性认识的重要环节。

2. 解读

报告总结是社会责任报告闭环管理的最后一环，对报告进行总结，不仅能够系统回顾当年报告编制过程中的得失，也能够为未来报告编制统一认识，寻找改进点。

3. 评估方式

总结评估方式如表 7-8 所示。

表 7-8 总结评估方式

总结	报告发布后，召开复盘会
	广泛征求利益相关方对报告的意见

三、价值标准

（一）回应性

1. 定义

回应性指社会责任报告在全面扫描企业社会责任履责环境的基础上，有针对性地将社会责任报告的编制、发布和应用与满足强势机构对企业履行社会责任的要求结合起来，为企业履行社会责任及经营发展争取最大的政策红利与声誉价值。

2. 解读

随着企业社会责任的发展，政府部门、行业协会、资本市场、科研机构、新闻媒体等利益相关方在社会责任的政策制定、研究推动、监管要求、评选评价等方面，有越来越多的行动和要求。企业通过发布社会责任报告来针对性地回应和满足这些要求，是企业社会责任报告最基本也是最重要的价值所在。

3. 评估方式

● 报告是否回应了重要的社会责任（监管）政策要求；

● 报告是否回应了重要的社会责任标准和倡议；

● 报告是否回应了重要的社会责任评选评价的要求。

（二）参与性

1. 定义

参与性指企业社会责任报告在编制的全流程，通过设置恰当的环节，让利益相关方参与到报告的编制过程中。

2. 解读

让利益相关方参与报告的编制，是发挥报告编制价值的重要途径。企业应选择核心利益相关方，在适当的范围内参与报告的编制，深入沟通、精准影响，发挥过程价值。

3. 评估方式

● 企业高层领导参与到报告的编制过程；

● 职能部室和下属单位参与到报告的编制过程；

● 普通员工参与到报告的编制过程；

● 召开报告专家意见征求会；

● 申请报告第三方评价、评级；

● 政府、媒体、客户、合作伙伴、社区代表等参与到报告的编制过程。

（三）传播性

1. 定义

传播性是指社会责任报告信息的传递和运行。

2. 解读

让报告所承载的社会责任信息为更多的利益相关方所感知，从而知晓企业、了解企业、理解企业进而支持企业，是报告发挥价值的另外一个重要途径。让社会责任报告以更加通畅的渠道、更加新颖的形式呈现给更多利益相关方，是报告价值最大化的必然要求。

3. 评估方式

● 对报告进行二次开发，编制简版报告、H5 报告、视频报告等；

● 召开报告专项发布会或嵌入式发布会；

● 在大型活动平台上二次发布报告；

● 结合报告发布策划系列宣传文章和主题活动；

● 参与报告相关的会议、论坛、调研等相关活动；

● 策划和推广报告主题产品；

● 制作报告专门网站；

● 多渠道使用报告。

四、创新标准

1. 定义

创新是指企业社会责任报告在各个维度事项上的突破点。

2. 解读

社会责任报告的创新主要体现在三个方面:报告内容、形式的创新,报告流程的创新,以及报告价值的创新。创新不是目的,通过创新提高报告质量才是根本。

3. 评估方式

将报告在内容、形式、流程、价值上与国内外社会责任报告以及企业往期社会责任报告进行对比,判断其有无创新,以及创新是否提高了报告质量。

第八章 天生要强，共赢冠军

一、公司简介

内蒙古蒙牛乳业（集团）股份有限公司始建于1999年，总部设在内蒙古和林格尔县盛乐经济园区。搭乘内蒙古自治区经济飞跃的"千里马"和改革开放的"顺风车"，蒙牛以19年逾1600倍的销量增长速度，成为中国发展速度最快的乳品企业。2004年在香港上市（股票代码：HK2319），2014年成为入选恒生指数成份股的中国乳业第一股。中国最大的粮油食品企业中粮集团、法国Danone（达能）、丹麦Arla Foods（阿拉福兹）分别是蒙牛的第一、第二、第三大战略股东。2016年蒙牛列全球乳业第10位。

2017年，蒙牛正式成为"2018 FIFA世界杯"全球官方赞助商。这是国际足联与全球赞助商级别首次合作的乳品品牌，也是中国食品饮料行业成为世界杯全球赞助商的第一个品牌。蒙牛还是中国航天事业战略合作伙伴、金砖国家领导人厦门会晤指定产品、NBA中国官方市场合作伙伴、上海迪士尼度假区官方乳品合作伙伴、北京环球度假区官方乳品及冰淇淋独家供应商。其中，连续10余年牵手NBA、博鳌等国际平台，连续15年用高品质的产品为中国航天提供营养支持。

乳业是健康中国、强壮民族不可或缺的产业，也是实现"健康中国梦"的必要前提和重要标志。蒙牛致力"以消费者为中心，成为创新引领的百年营养健康食品公司"，坚持"把质量作为核心价值观，把创新作为核心竞争力，把国际标准作为新常态"，以更优质的产品服务国民健康，为提振中国乳业当好"排头兵"。

二、履责历程

集团履责历程如表 8-1 所示。

表 8-1 大事记

年份	大事记
1999	在呼和浩特一座 53 平方米的破旧民宅里,蒙牛正式成立
2000	蒙牛生产出中国第一袋利乐枕牛奶
2001	蒙牛率先提出"中国乳都"设想
2002	蒙牛产品首次进入香港市场
2003	蒙牛牛奶成为中国航天员专用牛奶
2004	蒙牛在香港联合交易所上市(股票代码:HK2319)
2005	"蒙牛酸酸乳超级女声"席卷全国
2006	蒙牛开启"每天一斤奶,强壮中国人"送奶公益行动 10月,荣获 IDF 世界乳业创新大奖,这是中国乳业首次荣获国际奖项 入选"亚洲品牌 500 强"
2007	蒙牛投资 12 亿元、汇聚全球乳品智能的高科技乳品研究院暨高智能化生产基地落成
2008	蒙牛开展"牛奶安全工程"
2009	蒙牛入选 2009 年中国最具价值品牌排行榜,并跻身世界乳业 16 强 7月,与中粮集团达成战略合作,中粮成为蒙牛第一大战略股东
2010	蒙牛全年营收约 302 亿元,成为首家突破 300 亿元的中国乳品企业
2011	蒙牛营收 373 亿元,连续五年荣列全国市场同类产品销售量销售额第一名 第 28 届世界乳业大会上,蒙牛"新养道"荣获"乳品创新奖"
2012	蒙牛与丹麦 Arla 爱氏晨曦达成战略合作,Arla 爱氏晨曦成为蒙牛第二大战略股东 6月,中丹两国农业部牵头成立"中丹乳品技术合作中心",蒙牛承担在中方的实施工作
2013	蒙牛增持中国最大的奶牛养殖企业现代牧业的股份,成为现代牧业最大单一股东 与达能签署框架协议,组建新的合资公司专门从事酸奶生产及销售业务,达能成为蒙牛的战略股东 6月,并购雅士利,开创中国乳业迄今最大规模的一次并购
2014	蒙牛营收突破 500 亿元 蒙牛成为入选香港恒生指数成份股的乳业第一股 达能增持蒙牛,成为蒙牛的第二大战略股东 "中国—丹麦乳品技术合作中心"正式入驻中粮营养健康研究院,同日,Arla 中国创新中心成立

续表

年份	大事记
2015	蒙牛成为上海迪士尼度假区官方乳品合作伙伴 蒙牛联同UCDavis成立营养健康创新研究院，引入国际牧场最严格食品安全标准，将蒙牛纯牛奶乳蛋白含量提升至3.2克/100毫升
2016	蒙牛成为国内首家获得"同线同标同质"认证的乳品企业
2017	蒙牛连续第九年入围荷兰合作银行公布的2017年度"全球乳业20强"名单，更首次跻身前十，刷新蒙牛在全球乳业的排名 蒙牛成为2018年俄罗斯世界杯官方赞助商 蒙牛与Massey University（梅西大学）签订在食品应用健康研究、乳制品研发方面开展合作的协议

三、责任报告

（一）报告概览

蒙牛可持续发展报告发布情况如表8-2所示。

表8-2 蒙牛可持续发展报告发布情况

年份	报告页数	报告语言	报告版本	参考标准
2008~2013	72	中英双语	电子版/纸质版	国际标准化组织《ISO26000：社会责任指南（2010）》 全球报告倡议组织《可持续发展报告指南（G4版）》 香港联合交易所《环境、社会及管治报告指引》
2014~2015	68	中文	电子版/纸质版	国际标准化组织《ISO26000：社会责任指南（2010）》 全球报告倡议组织《可持续发展报告指南（G4版）》 香港联合交易所《环境、社会及管治报告指引》 GB/T36001-2015《社会责任报告编制指南》 中国社会科学院《企业社会责任报告编写指南之食品行业》
2016	67	中文	电子版/纸质版	国际标准化组织《ISO26000：社会责任指南（2010）》 全球报告倡议组织《可持续发展报告指南（G4版）》 香港联合交易所《环境、社会及管治报告指引》 GB/T36001-2015《社会责任报告编制指南》 中国社会科学院《企业社会责任报告编写指南之食品行业》 中国乳制品工业规范RHB901-2016《乳制品企业社会责任指南》

续表

年份	报告页数	报告语言	报告版本	参考标准
2017	82	中英双语	电子版/纸质版	香港联合交易所《环境、社会及管治报告指引》 国际标准化组织《ISO26000：社会责任指南（2010）》 GB/T36001-2015《社会责任报告编写指南》 中国社会科学院《企业社会责任报告编写指南3.0之食品行业》 中国乳制品工业规范 RHB901-2016《乳制品企业社会责任指南》 报告编制符合《GRI可持续发展报告标准》（GRI Standards）

（二）报告投入

2017年报告编写的投入如表8-3所示。

表8-3 报告投入

年份	投入人员	投入时间	搜集素材
2017	7人	6个月	30多万字的素材及照片

四、报告管理

（一）确立可持续发展策略

确立可持续发展策略如图8-1所示。

图 8-1 目标

蒙牛主动对标 2030 年联合国可持续发展目标（SDGs），将 SDGs 的要求贯彻到战略制定和运营管理中。以打造世界一流乳制品企业为目标，以"营养健康、成长共赢、环境友好、扶贫攻坚"为主线，努力贡献全球可持续发展目标的实现，做可持续发展的典范。

（二）健全可持续发展组织体系

蒙牛以公司社会责任委员会、社会责任工作办公室及各业务系统的现有社会责任联络人为基础，逐步建立机构完整、权责明确、上下联动、运转高效的社会责任组织体系，实现社会责任组织机构在总部、业务系统、下属企业的全面覆盖，形成三级联动机制（见图 8-2）。

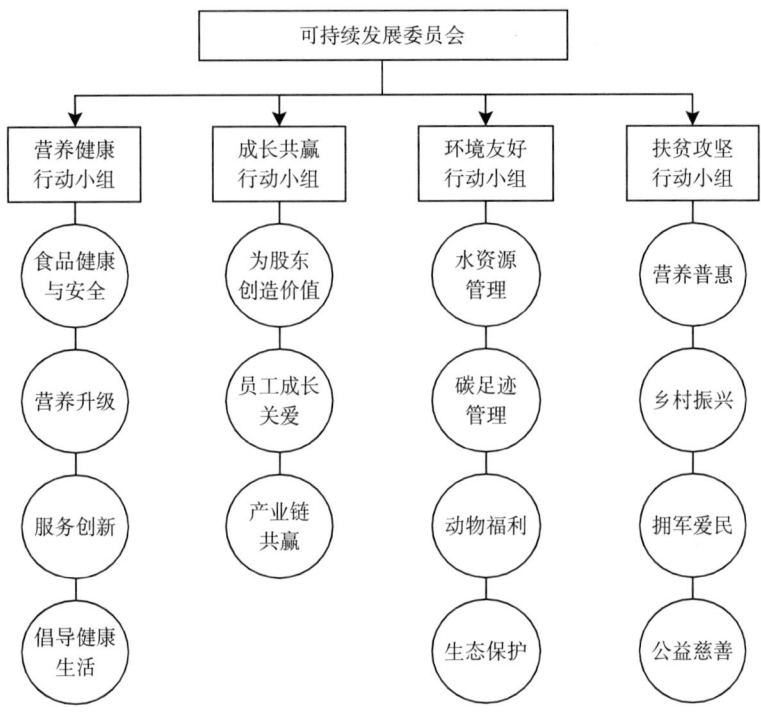

图 8-2 组织体系

社会责任委员会是蒙牛推进可持续发展的重要组织保障。由公司总裁亲任委员会主任，各系统负责人任副主任，负责明确企业社会责任战略发展方向、督促社会责任工作开展和考核评估社会责任工作绩效。社会责任委员会下设社会责任办公室，负责协调公司社会责任委员会小组工作推进。围绕履行社会责任的领域，成立社会责任委员会工作小组，邀请专业合作伙伴作为外部顾问，实现公司内外跨系统、跨领域的协力合作。

（三）加强利益相关方沟通参与

利益相关方参与情况如表 8-4 所示。

（四）确立可持续发展议题

蒙牛参考 GRI 实质性准则，明确议题识别、调研访谈、筛选评估、审核确认四个流程。在议题识别环节，根据公司重点、行业特点、社会责任标准，梳理建立公司可持续发展议题库；在调研访谈环节，面向股东、消费者、供应商、

表 8-4 利益相关方参与情况

利益相关方	共同目标	利益相关方期望	沟通与回应渠道
股东与投资者	防范经营风险 资产保值增值 开拓新市场与新机会 投资回报稳健增长	希望蒙牛可以健康持续地发展,创造更大的价值	企业年报和公告 路演 专项会议 投资者关系网站
政府与监督机构	合规运营 依法纳税 贡献地方经济发展	希望蒙牛能够起到引领示范作用,为推动乳制品行业发展贡献力量	监管考核 主动纳税 专项会议
消费者	完善的客户服务 畅通的沟通渠道 多元化的产品选择	希望在更便捷地购买到所需产品的同时,获得更舒心的服务感受和愉快的购物体验	企业微博 企业微信 透明工厂 互动活动
供应商	公开、公平、公正采购 诚实守信 信息保密	希望自己在未来的养牛之路上越来越先进、越来越专业,为中国的养牛事业贡献自己的一分力量	供应商大会 供应商帮扶
经销商	互利共赢 共同成长	希望能够得到蒙牛的支持和帮助,与蒙牛形成更"铁"的关系,实现与蒙牛的共赢	经销商大会 经销商满意度调查 决策管理委员会 客户沟通平台
环境	生态环境保护 绿色低碳	希望蒙牛可以有效利用资源,实现节能减排,成为践行生态保护的"绿色使者",并将绿色生态的理念带给每一位消费者	政府环境信息沟通平台 网络微博
员工	健康与安全 工资与福利保障 搭建成长平台 工作与生活平衡	希望在快乐、和谐的氛围中,体面地工作,持续获得工作的幸福感	管理者信箱 职工代表大会 培训交流
社区	促进就业 带动地方经济发展 助力脱贫攻坚	希望蒙牛可以发挥大型乳企的影响力和带动力,带动更多的人参与到社区的建设和发展中来,共建幸福美好生活	提供就业岗位 拉动地方相关产业发展 改善当地基础设施建设 扶贫攻坚 公益慈善

社区等关键利益相关方开展调研,识别相关方关注重点;在筛选评估环节,结合全球可持续发展目标、相关方关注度及对蒙牛的重要性进行议题筛选;在审核确认环节,由公司管理层、专家审核,选定重点披露的实质性议题。蒙牛全面梳理公司的核心业务,结合议题管理流程,筛选出公司可持续发展管理的重要议题(见图 8-3)。

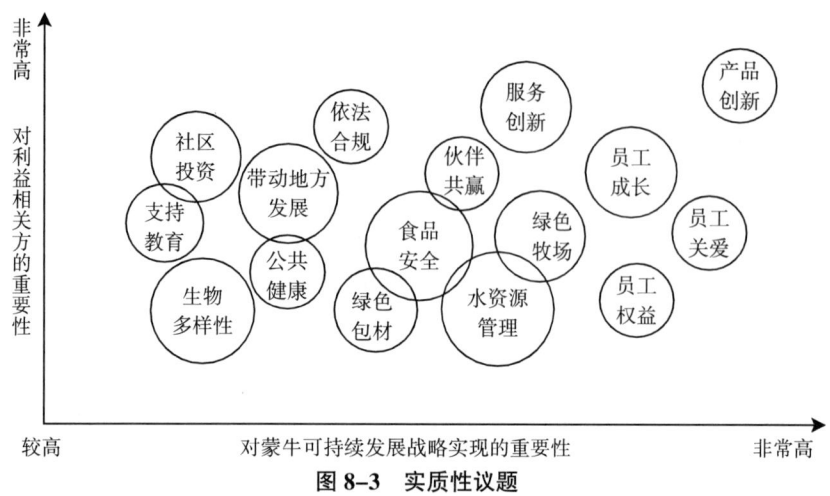

图 8-3　实质性议题

（五）重视可持续发展报告编制启动

蒙牛于 2018 年 1 月中旬召开 2017 年可持续发展报告编制启动会，总部各部门社会责任工作负责人员参与会议。会议明确了 2017 年可持续发展报告编写的整体安排、时间节点、注意事项等，并为报告资料收集工作在系统内部做了预热。同时，聘请外部讲师为相关人员做了培训，涉及社会责任最新理念、香港联交所信息披露要求和报告编制办法等。

（六）编制可持续发展报告

1. 前期准备阶段

● 组建报告编制小组：蒙牛建立了由公司社会责任委员会牵头组织、社会责任工作办公室主要负责、其他职能部门和单位共同参与的可持续发展报告编制小组。

● 利益相关方参与：蒙牛邀请内外部利益相关方参与本报告编写过程，日常通过公司网站、报纸、期刊、业务报告、电台、电视和微博等媒体以及参与各种形式的利益相关方沟通会等形式与利益相关方广泛沟通，收集利益相关方关注的议题和期望。

● 实质性议题识别：蒙牛充分考虑企业战略与运营重点、社会责任国际标准、宏观政策与背景、利益相关方关注点等，识别企业可持续发展管理的核心议题。通过对公司的影响、对利益相关方影响的排序,确定议题管理的顺序,将对公司战略重要性、对利益相关方重要性较强的议题识别出来。经公司领导层、各业务系统以及社会责任专家的审核,确认各个领域关键议题,更好地推进社会责任工作。

2. 报告编写阶段

● 确立大纲:编制小组根据从各个职能部门收集的可持续发展报告文字、图片和数据资料以及公司2017年的各类出版物(包括公司年报、各类公告、内部报刊等),结合蒙牛履责特色及时代背景,在延续往年报告主体框架基础上,确定了2017年的报告大纲和主体框架。

● 撰写报告正文:编制小组参考国际标准化组织《ISO26000:社会责任指南(2010)》、香港联合交易所《环境、社会及管治报告指引》、中国社会科学院《企业社会责任报告编写指南3.0之食品行业》、中国乳制品工业规范RHB901-2016《乳制品企业社会责任指南》等,确定各项核心议题和绩效指标,撰写报告正文。在翻阅了近30万字的内外部资料、与利益相关方进行广泛沟通、筛选大量表现力较强的图片之后,历时一个半月完成了正文的撰写工作。

● 确定了"我是蒙牛"的主题贯穿始终:围绕我是蒙牛的供应商、员工、经销商、股东等,阐述了蒙牛人在营养健康、成长共赢、环境友好、精准扶贫等层面对社会责任的理解,找准蒙牛业务运营管理与社会各方的关联点,拉近了蒙牛与利益相关方之间的关系。

● 创新设置"绩效报告"板块:全面回应联交所ESG要求,系统梳理了蒙牛在环境、社会及管治层面的实践绩效,使读者对公司的ESG管理和表现一目了然。

3. 报告设计阶段

● 报告整体创意思路:围绕"不忘初心,共赢冠军"展开封面及章节页的设计。设计风格显示出:蒙牛的初心是"内蒙牛,中国牛,世界牛",在朝着初心奋进,以必赢、共赢的精神迈向冠军之路,牵手2018年俄罗斯世界杯,为"共赢之战"持续助力。

● 报告设计:根据文字内容,契合时代特点,以图片结合文字的形式进行设计展示,灵活展现各章节的精髓和价值,增强阅读的友好性。

4. 审验与评级阶段

● 报告审验：公司委托汉德技术监督服务（亚太）有限公司开展2017年可持续发展报告（ESG报告）的审验工作。编制小组及时提供了利益相关方清单、利益相关方参与报告编写过程记录、企业社会责任实质性议题界定与确认资料、报告撰写过程资料（资料收集、访谈及调研分析等）等，积极配合审验人员完成审验工作，验证报告编制的客观性、准确性。

● 报告评级：公司委托中国社会科学院开展2017年可持续发展报告（ESG报告）的评级工作。编制小组配合评级人员，及时填报了《企业社会责任报告过程性资料确认书》，提供了不同指标下的证明材料，完善了近三年指标体系，确保了报告评级工作的公正性。

（七）加强可持续发展信息披露传播

蒙牛在公司官网发布了2017年可持续发展报告的网络版，通过形式灵活生动、可读性强的电子书形式、微信版（H5）形式，于2018年世界杯进行时发布，增加世界杯奖品抽取互动环节，面向关心蒙牛的各利益相关方介绍了公司2017年的履责实践和成效。同时加强在自有员工及利益相关方中的传播力度，让广大投资者及自有员工充分了解、理解蒙牛的社会责任工作，更好地发挥社会责任报告的影响力。

（八）持续改进可持续发展报告管理

1. 报告使用

可持续发展报告作为一种按照国际通行标准编制、经第三方审验、符合国际惯例的责任沟通工具，是国际交流的"通用语言"，也是目前国内外推崇和认可的责任沟通方式。公司对报告的使用提出一些工作思路：一是在国际国内交流、业务交往、投融资活动中使用可持续发展报告作为企业的介绍材料。二是在公关活动中使用，主动向利益相关方递送报告，及时、客观地反映公司履行社会责任的情况。三是面向内部员工，包括新员工，提供可持续发展报告，深入系统地介绍公司可持续发展的理念、行动与绩效。四是在社会责任管理工作中使用，以报告为基础，通过与可持续发展指标及优秀案例的对标，积极研究与学习、探索与改进，找到自身在社会责任管理工作中的不足，提升社会责任管水平（见图8-4）。

◆ 拜访政府，递送CSR报告，传递合规负责信息

◆ 总裁会面，赠送CSR报告，展示可持续发展实力

◆ 会议活动使用，沟通CSR信息

◆ 投标使用，增强公信力

图8-4 报告使用

2. 报告总结

报告编写完成后，编制小组召开了项目总结会，回顾了报告编写的过程，分析总结报告编写的创新之处、不足之处，并且对明年的报告做了一定的设想，包括社会责任信息收集制度的完善、ESG指标体系的建立、进一步挖掘并传播公司履责亮点、进一步发挥以报告促管理的价值和作用等。

附 录

一、参编机构

(一) 中国社会科学院经济学部企业社会责任研究中心

中国社会科学院经济学部企业社会责任研究中心（以下简称"中心"）成立于2008年2月，是中国社会科学院经济学部主管的研究机构。著名经济学家、国家金融与发展实验室主任、中国社科院经济学部主任李扬研究员任中心理事长，中国社科院工业经济研究所所长黄群慧研究员任中心常务副理事长，中国社科院社会发展战略研究院副研究员钟宏武博士任主任。中国社会科学院、国务院国资委、人力资源和社会保障部、中国企业联合会、中国人民大学、国内外大型企业的数十位专家、学者担任中心理事。

中心以"中国特色、世界一流"为目标，积极践行研究者、推进者和观察者的责任：

● 研究者：中心积极开展中国企业社会责任问题的系统理论研究，研发颁布《中国企业社会责任报告指南（CASS-CSR 1.0/2.0/3.0/4.0)》，组织出版《中国企业社会责任》文库，促进中国特色的企业社会责任理论体系的形成和发展。

● 推进者：为政府部门、社会团体和企业等各类组织提供咨询和建议；主办"中国企业社会责任研究基地"；开设中国社科院研究生院MBA《企业社会责任》必修课，开展社会责任培训，传播社会责任理论知识与实践经验；组织、参加各种企业社会责任研讨交流活动，分享企业社会责任研究成果。

● 观察者：每年出版《中国企业社会责任蓝皮书》，跟踪记录上一年度中国企业社会责任理论和实践的最新进展；持续发布《中国企业社会责任报告白皮书》，研究记录我国企业社会责任报告的阶段性特征；制定、发布、推动中国企业社会责任报告评级；组织分享责任中国行/世界行调研活动。

研究业绩

【课题】

[1] 国务院国资委：《中央企业社会责任蓝皮书》、《中央企业海外社会责任研究》，2017年。

[2] 国务院扶贫办：《促进企业参与精准扶贫机制研究》，2017年。

[3] 国家发改委：《"一带一路"与海外企业社会责任》，2015年。

[4] 工业和信息化部：《责任制造——以社会责任推动"中国制造2025"》，2015年。

[5] 国务院国资委：《中央企业海外社会责任研究》，2014年。

[6] 国务院国资委：《中央企业社会责任优秀案例研究》，2014年。

[7] 国家食药监局：《中国食品药品行业社会责任信息披露机制研究》，2014年。

[8] 国土资源部：《矿山企业社会责任评价指标体系研究》，2014年。

[9] 中国保监会：《中国保险业社会责任白皮书》，2014年。

[10] 全国工商联：《中国民营企业社会责任研究报告》，2014年。

[11] 陕西省政府：《陕西省企业社会责任研究报告》，2014年。

[12] 国土资源部：《矿业企业社会责任报告制度研究》，2013年。

[13] 国务院国资委：《中央企业社会责任优秀案例研究》，2013年。

[14] 中国扶贫基金会：《中资海外企业社会责任研究》，2012-2013年。

[15] 北京市国资委：《北京市属国有企业社会责任研究》，2012年5-12月。

[16] 国资委研究局：《企业社会责任推进机制研究》，2010年1-12月。

[17] 国家科技支撑计划课题：《社会责任国际标准风险控制及企业社会责任评价技术研究》任务，2010年1-12月。

[18] 深交所：《上市公司社会责任信息披露》，2009年3-12月。

[19] 中国工业经济联合会：工信部制定《推进企业社会责任建设指导意见》前期研究成果，2009年10-12月。

[20] 中国社科院:《灾后重建与企业社会责任》,2008年8月至2009年8月。

[21] 中国社科院:《海外中资企业社会责任研究》,2007年6月至2008年6月。

[22] 国务院国资委:《中央企业社会责任理论研究》,2007年4-8月。

【专著】

[1]《家用电器制造企业社会责任蓝皮书（2017）》,经济管理出版社2017年版。

[2]《汽车企业社会责任蓝皮书（2017）》,经济管理出版社2017年版。

[3]《中国企业社会责任报告指南（CASS-CSR4.0）之一般框架》,经济管理出版社2017年版。

[4]《中国企业社会责任扶贫研究报告（2017）》,经济管理出版社2017年版。

[5]《中国企业社会责任研究报告（2017）》,社会科学文献出版社2017年版。

[6]《中国企业应对气候变化自主贡献研究报告（2017）》,经济管理出版社2017年版。

[7]《中资企业海外社会责任研究报告（2016~2017）》,社会科学文献出版社2017年版。

[8]《中国企业扶贫研究报告（2016）》,社会科学文献出版社2016年版。

[9]《中国企业公益研究报告（2016）》,社会科学文献出版社2016年版。

[10]《中国企业社会责任年鉴》(2016),经济管理出版社2016年版。

[11]《中国企业社会责任研究报告（2016）》,社会科学文献出版社2016年版。

[12]《上海上市公司社会责任研究报告（2016）》,经济管理出版社2016年版。

[13]《汽车企业社会责任蓝皮书（2016）》,经济管理出版社2016年版。

[14]《企业公益报告编写指南3.0》,经济管理出版社2016年版。

[15]《中国企业社会责任报告（2015）》,经济管理出版社2015年版。

[16]《中国企业公益研究报告（2015）》,社会科学文献出版社2015年版。

[17]《中国企业社会责任研究报告（2015）》,社会科学文献出版社2015年版。

[18]《上海上市公司社会责任研究报告（2015）》,经济管理出版社2015年版。

[19]《中国企业社会责任报告（2014）》,经济管理出版社2014年版。

[20]《中国企业社会责任研究报告（2014）》,社会科学文献出版社2015年版。

[21]《企业社会责任负面信息披露研究》,经济管理出版社2015年版。

[22]《中国企业公益研究报告（2014）》,经济管理出版社2014年版。

[23]《中国企业社会责任报告指南 3.0 之石油化工业》，经济管理出版社 2015 年版。

[24]《中国企业社会责任报告白皮书（2013）》，经济管理出版社 2013 年版。

[25]《中国企业社会责任研究报告（2013）》，社会科学文献出版社 2013 年版。

[26]《中国企业社会责任报告指南（CASS-CSR3.0)》，经济管理出版社 2014 年版。

[27]《中国企业社会责任报告指南 3.0 之钢铁业》，经济管理出版社 2014 年版。

[28]《中国企业社会责任报告指南 3.0 之仓储业》，经济管理出版 2014 年版。

[29]《中国企业社会责任报告指南 3.0 之电力生产业》，经济管理出版社 2014 年版。

[30]《中国企业社会责任报告指南 3.0 之家电制造业》，经济管理出版社 2014 年版。

[31]《中国企业社会责任报告指南 3.0 之建筑业》，经济管理出版社 2014 年版。

[32]《中国企业社会责任报告指南 3.0 之电信服务业》，经济管理出版社 2014 年版。

[33]《中国企业社会责任报告指南 3.0 之汽车制造业》，经济管理出版社 2014 年版。

[34]《中国企业社会责任报告指南 3.0 之煤炭采选业》，经济管理出版社 2014 年版。

[35]《中国企业社会责任报告指南 3.0 之一般采矿业》，经济管理出版社 2014 年版。

[36]《中国企业社会责任案例》，经济管理出版社 2014 年版。

[37]《中国国际社会责任与中资企业角色》，中国社会科学出版社 2013 年版。

[38]《企业社会责任基础教材》，经济管理出版社 2013 年版。

[39]《中国可持续消费研究报告》，经济管理出版社 2013 年版。

[40]《中国企业社会责任研究报告（2012）》，社会科学文献出版社 2012年版。

[41]《中国企业社会责任报告白皮书（2012）》，经济管理出版社 2012 年版。

[42]《中国企业社会责任研究报告（2011）》，社会科学文献出版社 2011年版。

[43]《中国企业社会责任报告指南（CASS-CSR2.0）》，经济管理出版社 2011年版。

[44]《中国企业社会责任报告白皮书（2011）》，经济管理出版社 2011年版。

[45]《企业社会责任管理体系研究》，经济管理出版社 2011年版。

[46]《分享责任——中国社会科学院研究生院 MBA "企业社会责任"必修课讲义集（2010）》，经济管理出版社 2011年版。

[47]《中国企业社会责任研究报告（2010）》，社会科学文献出版社 2010年版。

[48]《政府与企业社会责任——国际经验和中国实践》，经济管理出版社 2010年版。

[49]《中国企业社会责任研究报告（2009）》，社会科学文献出版社 2009年版。

[50]《中国企业社会责任报告指南（CASS-CSR1.0）》，经济管理出版社 2009年版。

[51]《中国企业社会责任发展指数报告（2009）》，经济管理出版社 2009年版。

[52]《慈善捐赠与企业绩效》，经济管理出版社 2007年版。

【论文】

在《经济研究》《中国工业经济》《人民日报》《光明日报》等刊物上发表论文数十篇。

【专访】

接受中央电视台、中央人民广播电台、人民网、新华网、光明网，凤凰卫视，法国24电视台等数十家媒体专访。

（二）责任云社会责任机构

责任云（CSRCloud）坚持社会责任领域的研究、咨询、设计、传播、公关五环战略，为企业提供社会责任的一站式解决方案。机构拥有五大事业部，16个项目部，上海分支机构以及"创意云"设计公司。机构拥有国内最早从事社会责任研究、咨询的专业团队，并与中国社会科学院、清华大学、中国人民大学、对外经贸大学等高校的研究团队建立了长期合作关系。

机构合作伙伴包括：国务院国资委、国务院扶贫办、工信部等国家及地方部委；中国扶贫基金会、中国保监会、全国工商联、中国企业联合会等社会机构和非营利组织；中国石化、华润集团、阿里巴巴、三星中国、伊利集团等百余家世界 500 强企业；联合国全球契约组织、全球报告倡议组织（GRI）、韩国大使馆等国际组织。

机构成立以来，为超过 200 家企业/机构，编制各类社会责任相关年度报告/专项报告 300 余本，承接国际级课题 80 余项，编写社会责任专著 80 余本，涵盖中国企业社会责任行业观察、企业社会责任标准制定、企业社会责任管理体系建设、企业社会责任教材等领域，其中《中国企业社会责任报告指南》已经成为我国本土社会责任报告编写的第一大标准，由此衍生的"中国企业社会责任报告评级"已经是中国社会责任领域最权威的评价体系；提供社会责任报告设计、宣传推广的议题化社会责任服务、治理，帮助企业打造可感知的社会责任；同时搭建了"中国社会责任百人论坛""分享责任中国行/世界行""分享责任公益讲堂"等数个公共社会责任平台，传播社会责任理念，分享高端社会责任成果。

机构 2018 年工作计划如附表 1、附表 2 所示。

联 系 人：王娅郦

附表 1　2018 年工作计划——企业智囊

责任报告	
社会责任报告编写	完成华润集团、阿里巴巴等 200 余份 CSR 报告
专项报告编写	为中国石化、中国铝业公司等 20 余家企业编制公益、扶贫、环境等专项报告
责任管理	
优秀案例评选/案例集	为韩国大使馆、华电集团等 10 余家机构提供社会责任优秀案例评选服务，并出版案例集
定制化社会责任培训	为中国电科、中国黄金等 20 余家企业开展企业社会责任内训
设计传播	
报告设计印刷	为中国石化、现代汽车等 30 余家公司社会责任报告提供报告设计
影像志拍摄	为中国电建、国家开发投资公司等机构提供海外或专项影像视频记录
H5 制作	为中国兵器工业、三星中国、华润医药等 20 余家公司提供 H5 报告设计制作
会务会展	为中国华电、中国华能等公司策划、执行报告发布会或责任展览
责任云传播	运营中星责任云微信，粉丝过万人，传播行业动态、责任故事
活动宣传	与新华网、中国网、国资小新等媒体深度合作，宣传报道责任活动
评级评价	
社会责任报告评级	为申请评级客户出具权威评级报告，已出具 321 份评级报告
公益项目评估	为企业的公益项目提供评估服务，并出具评估报告

附表2 2018年工作计划——行业智库

	行业研究	
《中国企业社会责任报告指南（CASS-CSR4.0）》	邀请电力、汽车、电子、石化、煤炭等行业协会、行业领先企业共同编修分行业、分议题社会责任报告编写指南	全年
委托课题	国务院国资委委托课题——中央企业社会责任蓝皮书	1月
蓝皮书系列	企业社会责任蓝皮书（2018）	4~10月
	企业公益蓝皮书（2018）	5~11月
	企业扶贫蓝皮书（2018）	5~10月
	汽车行业社会责任蓝皮书（2018）	4~10月
	海外社会责任蓝皮书（2018）	5~12月
	上海上市公司社会责任蓝皮书（2018）	5~12月
《中国企业社会责任报告白皮书》	逐份深入研究企业社会责任报告，发布中国企业社会责任报告的趋势	8~12月
《中国企业社会责任年鉴》（2017）	与新华网合作，汇编中国企业社会责任重要时事、文献	7~12月
	人才培养	
分享责任——中国社会责任公益讲堂	国内最权威、最前沿的社会责任经理人公益培训平台	8月
企业社会责任教材	编制《中国企业社会责任基础教材（第二版）》及《中国企业社会责任基础教程案例集》	1~12月
	百人论坛	
百人论坛——第六届分享责任年会论坛	发布社会责任白皮书/社会责任年鉴	8月
百人论坛——主题论坛	精准扶贫、应对气候变化等主题论坛	3月、6月、9月
百人论坛——蓝皮书发布会	社会责任蓝皮书发布会	11月

联系电话：4006858903　13366005048

邮　　箱：wangyl@zerenyun.com

地　　址：北京市建国门内大街18号恒基中心，地铁1号、2号、5号三条地铁线到达。

责任云微信二维码

二、参考文献

(一) 国际社会责任标准与指南

[1] 国际标准化组织（ISO）：《ISO26000：社会责任指南》，2010年。

[2] 全球报告倡议组织（Global Reporting Initiative，GRI）：《可持续发展报告指南（G4版）》，2013年。

[3] 联合国全球契约组织：《全球契约十项原则》。

[4] 国际审计与鉴证准则委员会：ISAE3000。

[5] Accountability：AA1000原则标准（AA1000APS）、AA1000审验标准（AA1000AS）和AA1000利益相关方参与标准（AA1000SES）。

[6] 国际综合报告委员会（IIRC）：综合报告框架，2013年。

(二) 国家法律法规及政策文件

[7]《中华人民共和国宪法》及各修正案。

[8]《中华人民共和国公司法》。

[9]《中华人民共和国劳动法》。

[10]《中华人民共和国食品安全法》。

[11]《食品工业"十二五"发展规划》。

[12]《中国食物与营养发展纲要（2014~2020年）》。
[13] GB2760-2011《食品安全国家标准：食品添加剂使用标准》。
[14]《中华人民共和国劳动合同法》。
[15]《中华人民共和国就业促进法》。
[16]《中华人民共和国社会保险法》。
[17]《中华人民共和国工会法》。
[18]《中华人民共和国妇女权益保障法》。
[19]《中华人民共和国未成年人保护法》。
[20]《中华人民共和国残疾人保障法》。
[21]《中华人民共和国安全生产法》。
[22]《中华人民共和国职业病防治法》。
[23]《中华人民共和国劳动争议调解仲裁法》。
[24]《中华人民共和国环境保护法》。
[25]《2014~2015年节能减排低碳发展行动方案》。
[26]《中华人民共和国水污染防治法》。
[27]《中华人民共和国大气污染防治法》。
[28]《中华人民共和国固体废物污染环境防治法》。
[29]《中华人民共和国环境噪声污染防治法》。
[30]《中华人民共和国环境影响评价法》。
[31]《中华人民共和国节约能源法》。
[32]《中华人民共和国循环经济促进法》。
[33]《中华人民共和国产品质量法》。
[34]《中华人民共和国消费者权益保护法》。
[35]《中华人民共和国反不正当竞争法》。
[36]《中华人民共和国科学技术进步法》。
[37]《中华人民共和国反垄断法》。
[38]《中华人民共和国专利法》。
[39]《中华人民共和国商标法》。
[40]《中共中央关于全面推进依法治国若干重大问题的决定》。
[41]《集体合同规定》。

[42]《禁止使用童工规定》。

[43]《未成年工特殊保护规定》。

[44]《女职工劳动保护特别规定》。

[45]《残疾人就业条例》。

[46]《关于企业实行不定时工作制和综合计算工时工作制的审批方法》。

[47]《全国年节及纪念日放假办法》。

[48]《国务院关于职工工作时间的规定》。

[49]《最低工资规定》。

[50]《生产安全事故报告和调查处理条例》。

[51]《工伤保险条例》。

[52]《关于禁止商业贿赂行为的暂行规定》。

[53]《中央企业履行社会责任的指导意见》。

[54]《中央企业"十二五"和谐发展战略实施纲要》。

[55]《上海证券交易所上市公司环境信息披露指引》。

[56]《深圳证券交易所上市公司社会责任指引》。

(三) 社会责任研究文件

[57] 中国社会科学院经济学部企业社会责任研究中心:《中国企业社会责任报告指南（CASS-CSR 2.0）》, 2011 年。

[58] 中国社会科学院经济学部企业社会责任研究中心:《中国企业社会责任报告评级标准（2013）》, 2013 年。

[59] 中国社会科学院经济学部企业社会责任研究中心:《中国企业社会责任研究报告（2009/2010/2011/2012/2013）》, 社会科学文献出版社。

[60] 中国社会科学院经济学部企业社会责任研究中心:《中国企业社会责任报告白皮书（2011/2012/2013）》, 经济管理出版社。

[61] 中国社会科学院经济学部企业社会责任研究中心:《企业社会责任基础教材》, 经济管理出版社 2013 年版。

[62] 彭华岗等:《企业社会责任管理体系研究》, 经济管理出版社 2011 年版。

[63] 国家电网公司"企业社会责任指标体系研究"课题组:《企业社会责任指标体系研究》, 经济管理出版社 2009 年版。

[64] 殷格非、李伟阳:《如何编制企业社会责任报告》,经济管理出版社 2008 年版。

[65] 李伟阳、肖红军、邓若娟:《企业社会责任管理模型》,经济管理出版社 2012 年版。

[66] 姜启军、苏勇等编著:《基于社会责任的食品企业危机管理》,人民出版社 2011 年版。

(四) 企业社会责任报告

[67]《达能集团 2016 年可持续发展报告（英文版）》。

[68]《雀巢 2017 可持续发展报告（英文版）》。

[69]《卡夫亨氏 2016 年社会责任报告（英文版）》。

[70] 百事 2016 年可持续发展报告（英文版）。

[71] 亿滋国际 2016 年进展报告（英文版）。

[72] 中国贵州茅台酒厂（集团）有限责任公司 2017 年社会责任报告。

[73] 2017 中盐集团社会责任报告。

[74] 三元食品 2017 社会责任报告。

[75] 2017 中国蒙牛乳业有限公司可持续发展报告（ESG 报告）。

[76] 青岛啤酒股份有限公司 2017 环境、社会及管治报告。

[77] 光明乳业 2016 年度社会责任报告。

[78] 华润（集团）有限公司 2017 社会责任报告。

[79] 可口可乐中国 2014~2016 可持续发展报告。

[80] 华润雪花啤酒（中国）有限公司 2017 社会责任报告。

[81] 雨润食品 2017 年环境、社会及管治报告。

[82] 四川省宜宾五粮液集团有限公司 2017 年社会责任报告。

[83] 康师傅控股有限公司 2017 年社会责任报告。

[84] 伊藤洋华堂 2016 年社会责任报告。

[85] 内蒙古伊利实业集团股份有限公司 2017 年度社会责任报告。

后 记

2009年12月，中国社科院经济学部企业社会责任研究中心发布了中国第一份企业社会责任报告编写指南——《中国企业社会责任报告指南（CASS-CSR1.0）》。为了增强该指南的国际性、行业性和工具性，2010年9月，中心正式启动了《指南1.0》的修订工作，扩充行业、优化指标、更新案例。2011年3月，《中国企业社会责任报告指南（CASS-CSR2.0）》发布。《指南2.0》获得了企业广泛的应用，参考《指南2.0》编写社会责任报告的企业数量由2011年的60家上升到2013年的195家。

为了进一步提升该指南的国际性、实用性，引导我国企业社会责任从"报告内容"向"报告管理"转变，2012年3月31日，《指南3.0》编制启动会在北京召开，来自政府、企业、NGO、科研单位等机构的约100名代表出席了本次启动大会。为广泛征求该指南使用者意见，中心向100家企业发放了调研问卷，并实地走访、调研30余家中外企业，并启动了分行业指南编制工作。为提升《指南》国际性、包容性和引领性，2016年7月，《中国企业社会责任报告指南（CASS-CSR4.0）》（简称《指南4.0》）专家研讨会在中国社科科学院召开，20余名权威专家参加了研讨会；2016年9月，《指南4.0》编制启动会在北京召开，来自政府、企业、NGO、科研单位等机构约150名代表出席了启动会。2017年9月，《指南4.0》专项调研走进韩国现代汽车集团。历时一年多，《指南》成功升级到4.0版本。

作为中国企业社会责任报告指南（CASS-CSR4.0）丛书的分行业指南，《中国企业社会责任报告指南4.0之食品行业》的编制历时6个月。其间，编制组多次与蒙牛集团进行沟通访谈，征集各部门对本书的意见和建议，并邀请行业专家就本书内容和指标进行指导。本书是集体智慧的结晶，全书由汪杰、钱申乔、王梦娟、梁佐红等共同撰写，蒙牛集团贾艳华主导第八章写作。全书由钟宏武审阅、修改和定稿。

"中国企业社会责任报告指南"系列以及企业社会责任报告编写软件都将不断修订、完善，希望各行各业的专家学者、读者朋友不吝赐教，共同推动我国企业社会责任更好更快地发展。

课题组

2018 年 10 月